40 Kurzgeschichten aus Italien

Der große Sammelband zum Italienischlernen

von
Giuseppe Fianchino
und
Claudia Mencaroni

PONS

40 Kurzgeschichten aus Italien

Der große Sammelband zum Italienischlernen

von
Giuseppe Fianchino und Claudia Mencaroni

Alle Personen und Handlungen sind erfunden. Ähnlichkeiten mit lebenden oder verstorbenen Personen und tatsächlichen Begebenheiten wären rein zufällig.

4. Auflage 2025

Autorin der Geschichte 1, 4, 6, 9, 12, 15, 17, 20, 23, 26, 30, 33, 35: Claudia Mencaroni
(entnommen aus ISBN 978-3-12-562284-5)
Autorin der Geschichten 2, 8, 11, 13, 19: Claudia Mencaroni
(entnommen aus ISBN 978-3-12-562923-3)
Autor der Geschichten 5, 7, 16, 22, 24, 29, 37, 38: Giuseppe Fianchino
(entnommen aus ISBN 978-3-12-562923-3)
Autor der Geschichten 3, 10, 14, 27, 28, 32: Giuseppe Fianchino
(entnommen aus ISBN 978-3-12-562742-0)
Autorin der Geschichten 18, 21, 25, 31, 34, 36, 39, 40: Claudia Mencaroni
(entnommen aus ISBN 978-3-12-562742-0)

Logoentwurf: Erwin Poell, Heidelberg
Logoüberarbeitung: Sabine Redlin, Ludwigsburg
Satz: HOX designgroup., Köln, tebitron gmbh, Gerlingen
Druck: Florjancic tisk d.o.o.

ISBN: 978-3-12-562491-7

EINIGE WORTE VORAB

Sie lieben Italien, lesen gerne Kurzgeschichten und möchten etwas für Ihr Italienisch tun?
Dann halten Sie das richtige Buch in der Hand! Mit 40 heiteren bis skurrilen, spannenden, manchmal nachdenklichen, aber niemals langweiligen Kurzgeschichten tauchen Sie ins italienische Leben ein und frischen so ganz nebenbei Ihre Sprache auf.

Nicht nur lesen, sondern auch sehen!
Bilder helfen unserem Gehirn ganz hervorragend, Dinge besser zu verstehen und abzuspeichern. Die Bilder in diesem Buch zeigen Schauplätze, Gegenstände und Handlungen, die Sie mitten ins Geschehen versetzen. Durch die Verknüpfung von Text und Bild – direkt an Ort und Stelle – lernen Sie im Handumdrehen neue Wörter. Unbekannte Wörter sind farbig und werden am unteren Ende der Seite in der Vokabelbox oder bei einem Bild übersetzt. Zentrale Textpassagen sind hervorgehoben.

Lassen Sie sich inspirieren
Nach manchen Geschichten finden Sie wunderschön bebilderte Seiten mit weiterführenden Informationen und einem Extra an neuen Wörtern. Erfahren Sie mehr über Land und Leute, besondere Orte und Traditionen.

Bevor es losgeht, lernen Sie auf den nächsten Seiten den Autor und die Autorin dieses Buches kennen und eine Karte gibt Ihnen eine Übersicht über die Schauplätze der Geschichten.

Viel Lesevergnügen wünscht Ihre PONS-Redaktion!

DER AUTOR UND DIE AUTORIN

Giuseppe Fianchino lebt und arbeitet in Sizilien. Auch nach Abschluss seines Jurastudiums schrieb er weiterhin regelmäßig für Zeitungen und Magazine. Wann immer er nicht seiner Tätigkeit als Jurist nachgeht, schreibt und erzählt er von den Dingen und Begebenheiten, die er auf seinen langen Reisen durch Italien und Europa erlebt. Seine Kamera dient dabei als Notizbuch und aus den Aufnahmen werden später Geschichten. Er liebt Katzen, Fußball und die Malerei der Renaissance, die man überall in italienischen Kirchen, Museen und Palästen finden kann.

Claudia Mencaroni badet jeden Tag nahezu in Büchern: Wenn sie nicht schreibt, bearbeitet sie ihre Bücher, liest, korrigiert und lektoriert. Und sie spricht immer über Bücher. Geboren wurde sie an der Küste Apuliens, lebt aber heute mit ihrem Mann und zwei Kindern in Rom.

SCHAUPLÄTZE DER GESCHICHTEN

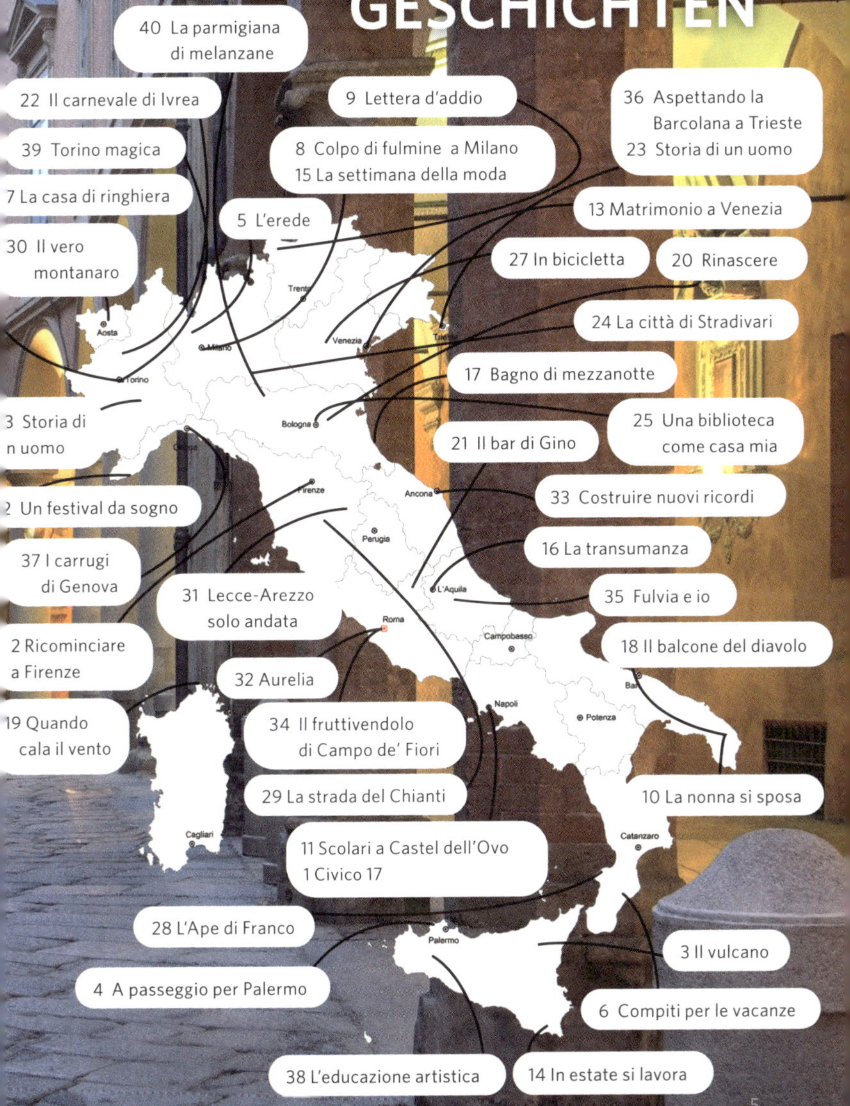

INHALT

der Vesuv

1 CIVICO[1] 17

Finalmente ho deciso: compro casa. Non sono napoletano ma ho sempre amato Napoli e da cinque anni vivo qui. **Sono** sempre **stato in affitto**[2], ma adesso il lavoro è stabile e posso permettermi un **mutuo**[3] per un piccolo appartamento all'ombra del **Vesuvio**.

Da quando sono a Napoli ho abitato in diversi quartieri: all'inizio ho trovato una stanza in una casa condivisa con altri due ragazzi nel centro storico, una zona ricca di monumenti, chiese e palazzi antichi, ma anche piena di locali notturni, così il rumore mi ha spinto a cercare **altrove**[4].

sehr alte, über 1 km lange Straße in Neapel, die von Nord nach Süd verläuft

Poi sono stato ospite di un'amica per due mesi nel quartiere più ricco di Napoli, proprio vicino a **via Toledo**, sul lungomare, dove ci sono tutti i negozi più chic della città: sicuramente un posto molto diverso dal primo, ma qui gli affitti sono altissimi e quindi ho cercato una sistemazione in un altro quartiere. Negli ultimi anni ho vissuto al **Vomero** e vorrei restare qui: è una zona tranquilla e **ben servita**[5], inoltre è in collina e si ha una bella vista sul mare.

beliebte Wohngegend in Neapel

die Bucht

L'**agente immobiliare**[6] mi ha dato appuntamento per questa mattina. "Vorrei solo avvisarla di una cosa: l'appartamento è abitato dai proprietari, che traslocano alla fine del mese", mi dice per telefono.

"Certo, non c'è problema".

Sono molto contento di visitare questa casa. Dalle informazioni è perfetta: non è molto cara, è grande abbastanza e ha una bella vista sul **golfo** di Napoli. Se mi piace e sento una bella energia, faccio subito una **proposta di acquisto**[7].

Mentre vado all'appuntamento sono molto emozionato. Piove e percorro uno dei tanti **viali alberati**[8] sotto il mio ombrello. Mi guardo intorno e sono sempre più convinto: è proprio una bella zona! Persino sotto la pioggia...

Ma accidenti! Un gatto nero mi è passato davanti, devo cambiare strada. Non sono **superstizioso**[9], ma qui a Napoli mi hanno insegnato che con queste cose è meglio non rischiare e oggi deve andare tutto bene! Faccio una strada più lunga, ma arrivo comunque puntuale all'appuntamento.

"Buongiorno!", "Buongiorno!", ci salutiamo.

"Prego, da questa parte", mi indica un **portone** sulla destra, ma io mi fermo all'improvviso. Forse l'agente capisce la mia confusione e mi chiede: "Qualcosa non va?".

"No, sa... il portone è al civico 17... si dice che il 17...", provo a spiegare.

1 **il (numero) civico** – die Hausnummer
2 **essere in affitto** – zur Miete wohnen
3 **il mutuo** – das Darlehen
4 **altrove** (Adv.) – woanders
5 **ben servito** (Adj.) – verkehrsgünstig
6 **l'agente immobiliare** – der Immobilienmakler
7 **la proposta di acquisto** – der Kaufvorschlag
8 **il viale alberato** – die Allee
9 **superstizioso** (Adj.) – abergläubisch

"Ma sono solo superstizioni! Questo appartamento è **un grande affare**[10], venga!", risponde allegro l'uomo.
Citofona[11], qualcuno risponde e il portone si apre.
Io sono un po' agitato, ma procedo.
"Come vede, il palazzo è completamente ristrutturato", dice l'agente. "Qui ci sono gli operai che completano qualche lavoro, ma il mese prossimo sarà tutto finito. Prego, da questa parte", mi dice mentre indica un passaggio sotto la **scala** degli operai.
"Eh, no", sbotto. "Da lì non ci passo!".
"Ma stia tranquillo, non succede nulla, la scala è in sicurezza...", dice l'agente.
"Sì, ma **porta male**[12]!", concludo io.
"Purtroppo non c'è altro modo di arrivare all'appartamento", risponde lui in difficoltà.
Io sono davvero **combattuto**[13]: voglio vedere questa casa che è perfetta per me, ma tutti questi **segni**[14] forse vogliono dire il **contrario**[15]...
Alla fine decido di passare sotto la scala, mentre **incrocio le dita**[16].
Prendiamo l'ascensore che è molto pulito e spazioso. Questa cosa mi dà un po' di speranza.
Arriviamo al terzo piano, sul **pianerottolo**[17] ci sono tante piante e io torno **di buonumore**[18]. La porta d'ingresso è bellissima.

**Io sono davvero combattuto: voglio vedere questa casa che è perfetta per me, ma tutti questi segni forse vogliono dire il contrario...
Alla fine decido di passare sotto la scala, mentre incrocio le dita.**

die Leiter

L'agente suona il campanello e sentiamo dei rumori, ma nessuno viene ad aprire.
Suoniamo di nuovo ed ecco una giovane ragazza che apre la porta.
"Buongiorno", "Prego, entrate", "Grazie", "Buongiorno!", ci scambiamo i soliti **convenevoli**[19]. Io e l'agente immobiliare lasciamo gli ombrelli bagnati all'ingresso.
"Mia madre arriva subito!", dice la ragazza.
Mi colpiscono immediatamente i soffitti alti, la luce di questo appartamento e la vista in fondo: il vulcano e il mare in un'unica finestra, per di più con un grande **arcobaleno**. Questo sì che è un segno!

10 **un grande affare** – ein guter Fang
11 **citofonare** – durch die Sprechanlage sprechen
12 **portare male** – Unglück bringen
13 **combattuto** (Adj.) – unschlüssig
14 **il segno** – das Zeichen
15 **il contrario** – das Gegenteil
16 **incrociare le dita** – die Daumen drücken
17 **il pianerottolo** – der Treppenabsatz
18 **di buonumore** – wohlgemut
19 **i convenevoli** (Pl.) – die Höflichkeiten

"Buongiorno, scusate se non sono venuta ad aprire...", la padrona di casa si presenta. "Purtroppo mi è caduta una bottiglia d'olio per terra e ho dovuto pulire!".
Ma come? L'olio per terra? Mi sembra uno scherzo...
"Signora, ma... l'olio per terra... porta male...", balbetto io.
"Ma chi ci crede più a queste superstizioni?", la signora ride.
Sono davvero confuso. Seguo l'agente che mi mostra la casa, ma non sono più così convinto.
"E infine questa è la camera da letto", dice l'uomo.
Non c'è che dire, anche questa camera è molto luminosa e spaziosa e... no! Non uno, ma ben due cappelli appoggiati sul letto!
Ma perché?
Ormai **sono** proprio **nel pallone**[20]: la casa è stupenda, ma tutti questi segni mi dicono di non comprarla... Cosa devo fare?
Mentre andiamo via, all'ingresso l'agente scambia qualche parola con la proprietaria, io prendo il mio ombrello e per sbaglio si apre all'improvviso.
Tutti si girano a guardarmi in silenzio, poi la signora comincia a urlare: "Povera me! L'ombrello aperto dentro casa mia!", e continua con un elenco di nomi di **santi**[21], mentre ci spinge fuori casa.
All'esterno l'agente immobiliare è a disagio, io invece sono **sollevato**[22]: la signora ha deciso per me.
Tengo il mio ombrello sotto il braccio e vado via per sempre dal civico 17.

Während in Deutschland die Zahl 13 für Unglück steht, ist es in Italien die 17.

In Italien darf man keinen Hut aufs Bett legen, denn das bedeutet, dass jemand in der Familie sterben wird.

"Essere superstiziosi è da ignoranti, ma non esserlo porta male."

(Abergläubisch zu sein, ist etwas für die Ungebildeten, aber es nicht zu sein, bringt Unglück.) ... ist ein Zitat des in Neapel geborenen italienischen Schauspielers und Regisseurs Eduardo De Filippo (1900–1984).

Auch mit Spiegeln ist in Neapel nicht zu spaßen! Zerbricht man einen, bringt dies 7 Jahre Unglück. Und noch eine Warnung an alle heiratswilligen Frauen: Achten Sie darauf, dass Ihnen niemand mit einem Besen über die Füße fegt, denn das bedeutet, dass man unverheiratet bleibt.

20 **essere nel pallone** – ins Schleudern geraten
21 **il santo** – der Heilige
22 **sollevato** (Adj.) – erleichtert

2 RICOMINCIARE A FIRENZE

«Ogni vita è un'enciclopedia, una biblioteca, [...], dove tutto può essere continuamente **rimescolato**[1] *e riordinato in tutti i modi possibili»*

(Italo Calvino, *Lezioni americane*, 1988)

La mia famiglia e i miei amici sono pronti per festeggiare la mia **laurea**[2] il mese prossimo.

Io no.

Tutte le mattine, da quattro anni, prendo il treno da Prato, dove vivo, per Firenze, dove sono iscritto all'università. Ho provato tre volte l'esame più difficile di **Giurisprudenza**[3], senza successo. **Ho passato**[4] qualche esame più semplice, ma sono ben lontano dalla laurea. Anche se **ho mentito**[5] e tutti credono il contrario.

Perché?

Perché non mi piace studiare queste cose, perché preferisco leggere letteratura, perché quando posso vado a suonare il **basso** nel garage del mio amico Vittorio con un gruppo di musicisti, perché la Facoltà di Giurisprudenza, in realtà, non è la mia scelta, ma quella di mio padre, importante **notaio**[6] della città.

Insomma, sono un **bugiardo**[7], ma non ho scelta. E si sa, dopo la prima bugia è difficile fermarsi.

Ma io non so cosa fare della mia vita. Non voglio fare l'avvocato e neppure l'ingegnere, l'impiegato di banca o l'informatico.

Ma come faccio a dirlo a mio padre?

Già immagino la sua rabbia se provo a dirgli: "Lascio l'università" o "Preferisco scrivere, o fare musica". Come minimo mi **caccia di casa**[8].

Però non posso continuare così.

Devo **confessare**[9] tutto ai miei genitori. Devo parlare con loro e accettare le conseguenze.

1 **rimescolato** (von: rimescolare) - wieder gemischt
2 **la laurea** - der Hochschulabschluss
3 **Giurisprudenza** (ohne Artikel) - Jura
4 **passare** (un esame) - (eine Prüfung) bestehen
5 **mentire** - lügen
6 **il notaio** - der Notar
7 **il bugiardo** - der Lügner
8 **cacciare di casa** - aus dem Haus jagen
9 **confessare** - zugeben

"Allora, il mio amico Dante ti aspetta, vai a parlarci".
"Io veramente devo dirti una cosa... Ma chi è Dante, papà?".
"Dante Martini, il mio vecchio collega d'università. Ha **uno studio legale ben avviato**[10] qui a Prato, in pieno centro. Sai, potrebbe prenderti come praticante".
"Ecco, papà, è proprio di questo che voglio parlarti".
"Lo so, ti devi ancora laureare, ma hai finito tutti gli esami, la laurea in fondo è una formalità!".
"Ma io...".
"Non essere sempre così insicuro! Vai e **tieni alto**[11] il buon nome della famiglia".
Ecco, con mio padre è così: parla solo lui e non ascolta. Ora devo andare da questo Dante Martini. Ma cosa gli dico?

L'appuntamento è questa mattina.
Mia madre mi consiglia di indossare giacca e cravatta: mi guardo allo specchio e mi sento un idiota.
Esco da casa e mi incammino verso il centro, mi sembra di avere un **cappio al collo**[12], penso a questo incontro e piuttosto mi viene voglia di buttarmi nel fiume.
Senza pensare, cambio strada, vado in stazione e prendo il solito treno per Firenze. Non ho un progetto, ma i miei piedi **si rifiutano**[13] di portarmi a questo colloquio.
Mi guardo attorno: studenti, impiegati, professionisti e qualche turista. Mi chiedo se sono contenti della loro vita, se sanno sempre cosa scegliere e dove andare.
Io non lo so, mi dico.

Der **Florentiner Dom** ist die viertgrößte Kirche der Welt. Berühmt ist ihre Kuppel, die 90 m hoch ist.

Taufkirche des Doms von Florenz

Tolgo la cravatta e la metto in tasca. A Firenze scendo dal treno ed esco dalla stazione di Santa Maria Novella. Attraverso la piazza, prendo le vie più strette ed evito l'**affollato** corso.

Mi lascio alle spalle il **Battistero**, la **Cattedrale**, quante volte mi sono fermato ad ammirarli, ma oggi no, ho bisogno di camminare. Il movimento mi tranquillizza, così **proseguo**[14]. Mi ritrovo su **Ponte Vecchio**, **mi faccio largo**[15] tra i turisti, attratti da questo particolare ponte coperto e dalle sue **botteghe**.

10 **uno studio legale ben avviato** – ein gut gehendes Anwaltsbüro
11 **tenere alto** – hochhalten
12 **il cappio al collo** – die Schlinge um den Hals
13 **rifiutarsi** – sich weigern
14 **proseguire** – weiterführen
15 **farsi largo** – sich durchdrängen

la bottega

das Geschäft

überfüllt

affollato (Adj.)

Die **Ponte Vecchio** existiert seit dem 14. Jh. Bereits damals waren Läden auf ihr untergebracht.

Ma c'è troppa confusione e poi voglio raggiungere uno dei miei posti preferiti di Firenze, la **Biblioteca delle Oblate**. È il luogo ideale per **raccogliere**[16] i pensieri e prendere delle decisioni.

Arrivo all'edificio, salgo al primo piano, c'è una vista meravigliosa su tutta la città e sulla cupola del Brunelleschi. Ho bisogno d'aria, di quella luce lì. C'è così tanta bellezza che sono commosso.

E capisco che è proprio questo che voglio, bellezza.

Torno al piano di sotto e mi cade l'occhio su un libro, lasciato su uno scaffale. Sono le *Lezioni americane* di Italo Calvino. Inizio a leggere qualche pagina. Sono insegnamenti di scrittura. Mi siedo su una poltroncina e leggo, leggo, **finché**[17] si accendono le luci della sala, fuori è buio.

Ma non sono solo insegnamenti di scrittura, sono **lezioni di vita**[18].

Improvvisamente i miei pensieri diventano più chiari, chiedo in prestito quel testo ed esco dalla biblioteca. Mentre **mi incammino**[19] verso la stazione, lo tengo tra le mani, mi dà sicurezza. Svolto in una piccola via, illuminata dai **lampioni** fiochi, incontro lo sguardo di un uomo. Lui si gira, sta per chiudere la **serranda** di una **polverosa** libreria. Sulla vetrina un cartello: "Cercasi commesso".

La vita mi ha appena regalato un segno, devo **prenderlo al volo**[20].

16 **raccogliere** – sammeln
17 **finché** (Konj.) – bis
18 **la lezione di vita** – die Lebensweisheit
19 **incamminarsi** (verso qc) – (auf etw.) zusteuern
20 **prendere al volo** – auffangen

3 IL VULCANO

la cenere
die Asche
die Palme
la palma
la barca
das Boot
der kleine Hafen
il piccolo porto

Spesso la telefonata di mia madre, inizia così: "Figlio mio, stai attento ho sentito al **telegiornale**[1] che l'Etna è in attività!". Mia madre non riesce a trattenere la sua paura per il vulcano. La telefonata termina così: "Ma proprio un posto come Catania dovevi scegliere per lavorare!".

L'Etna è un vulcano in attività, alto più di tremila metri. L'unico in Europa.

Io mi chiamo Alberto, sono nato e cresciuto a Milano e lavoro in Sicilia, a Catania, una grande città sulla costa orientale. Dalla finestra della mia cucina osservo l'Etna, un gigante nero d'estate e bianco d'inverno, quando è coperto di neve. L'Etna è un vulcano in attività, alto più di tremila metri. L'unico in Europa. Il nome Etna ha origini greche. Molti miti greci abitano dentro l'Etna: il dio del fuoco Efesto, i Ciclopi, compreso Polifemo e il suo incontro con Ulisse. Gli arabi, invece, lo chiamavano "Mongibello", in italiano "Montebello". Vulcano "in attività" vuol dire che dalla sua cima viene fuori un po' di tutto: lava, **ceneri**, **boati**[2]. Queste eruzioni non arrivano mai fino alla città. Ai piedi del vulcano abitano circa un milione di persone, distribuite in tante piccole città, Catania è la più grande. L'Etna non è l'unico vulcano dell'Italia meridionale. Anche Napoli ha il suo vulcano, si chiama Vesuvio, ed è un po' più tranquillo dell'Etna, ma quando decide di mettersi al lavoro combina disastri come a Pompei. Un paio di vulcani si trovano nell'arcipelago delle isole Eolie. Il vulcano Stromboli si trova sull'isola omonima ed è citato anche nel romanzo di Jules Verne: "Viaggio al centro della Terra". L'altro è poco lontano, sull'isola di Vulcano. Anche questi sono vulcani attivi.

1 **il telegiornale** – die Fernsehnachrichten
2 **il boato** – das Donnern

Una volta una parete del cono del vulcano Stromboli ha rischiato di staccarsi e creare un **maremoto**[3] fino alle coste della Calabria. La notizia ha fatto il giro dei telegiornali. Un fatto non nuovo. Un piccolo maremoto si era già verificato agli inizi del 1900 e poi nel 2002. Dopo il telegiornale, è arrivata una telefonata: "Figlio mio, dove sei?". Era mia madre, voleva sapere in che zona della Sicilia mi trovavo. "Non andare sulla costa che si affaccia sul mare Tirreno! E non andare in Calabria!". La Sicilia è un'isola circondata dai vulcani e mia madre li conosce quasi tutti. Anche quelli che dormono da secoli e di cui io non so nulla. Volevo trascorrere un fine settimana sull'isola di Malta, con Maria, la mia ragazza. Maria ha occhi e capelli neri. Da quando stiamo insieme non ho nostalgia di Milano. Avevamo prenotato un albergo a La Valletta, la capitale. Potevamo raggiungere Malta con un aliscafo che partiva da Pozzallo, una cittadina sul Canale di Sicilia. Prima della partenza ha telefonato mia madre: "Vai a Malta domenica prossima?".

"Sì mamma, con Maria".

"Prendete l'aliscafo e attraversate il **Canale di Sicilia**[4]?"

"Non so, non ho consultato le rotte dell'aliscafo, penso di sì".

"Di' al comandante dell'aliscafo di stare attento a non **incagliarsi**[5] sugli **scogli**[6] dell'Isola Ferdinandea, sta qualche metro sotto l'acqua, in pieno Canale di Sicilia!". Con l'aliscafo facevamo una rotta diversa. La cosa però mi ha incuriosito. Al largo della costa della Sicilia, quasi davanti alla città di Agrigento, un'isola compare e scompare. Nel corso del 1800 l'isola Ferdinandea è comparsa e scomparsa varie volte. Dopo una sua **apparizione**[7], nel 1831, a seguito di un'eruzione di un vulcano sottomarino, sono nate un sacco di dispute internazionali. La Francia e l'Inghilterra pensavano di usarla per una base militare o per un porto. Un ammiraglio inglese è stato il primo a sbarcare sull'isola: da allora l'Inghilterra **rivendica**[8] l'appartenenza dello scoglio alla corona britannica e chiama "Graham" l'isola. La Francia, invece, ha mandato degli studiosi e anche loro hanno piantato la loro bandiera. Per i francesi l'isola si chiama "Iulia". Allora l'Italia era ancora un paese diviso. La Sicilia faceva parte del Regno delle Due Sicilie e il re Ferdinando II non voleva perdere l'isola emersa vicino alle **acque territoriali**[9] del regno: ha inviato una nave sull'isola e ha dato il suo nome allo scoglio. La disputa è durata poco: nel dicembre del 1831 l'isola Ferdinandea si è **inabissata**[10]. La sua roccia friabile non ha resistito alle onde del mare. Adesso si trova ad appena 8 metri sotto il livello del mare. Ogni tanto il vulcano sottomarino si sveglia e spinge in superficie l'isola. In questi casi le navi militari inglesi vanno a dare un'occhiata. Gli italiani, invece, iniziano a piazzare bandiere tricolori e lapidi in marmo per ricordare che l'isolotto è italiano. Questa volta la paura di mia madre è servita ad imparare qualcosa. Maria però non è molto contenta di tutte queste paure e telefonate. Le telefonate comunque hanno un unico colpevole: il vulcano Etna. Sono arrivato a Catania nel novembre del 2002. La società informatica per cui lavoro mi aveva trasferito nel nuovo stabilimento. Era autunno e l'Etna per settimane ha fatto piovere sulla città della sabbia nera finissima, che si infilava ovunque, dentro le scarpe e i vestiti, sotto la finestra. Mia madre ha telefonato subito dopo l'atterraggio dell'aereo: "Hai comprato una maschera per la bocca e gli occhi?". "No, mamma, non ho avuto tempo, l'aereo è atterrato dieci minuti fa!".

3 **il maremoto** – das Seebeben
4 **il Canale di Sicilia** – die Straße von Sizilien
5 **incagliarsi** – auflaufen
6 **lo scoglio** – die Klippe
7 **l'apparizione** (f.) – die Erscheinung
8 **rivendicare qc.** – etw. beanspruchen
9 **le acque territoriali** – die Hoheitsgewässer
10 **inabissarsi** – versinken

"Comprali subito! Non hai idea dei danni alla salute che queste polveri possono provocare!". Non ho comprato mai niente, ho portato i vestiti più spesso in lavanderia. Questa sabbia pare sia molto fertile. Le terre alle **pendici**[11] dell'Etna sono tra le più fertili di tutta la Sicilia. Si produce un vino, il Nerello mascalese, tra i migliori d'Italia. E il merito pare sia tutto del vulcano. Quest'anno mia madre è venuta a trovarmi. L'ho portata a fare un giro sul vulcano. Ha **preteso**[12] di essere accompagnata da una guida esperta. Così le ho procurato una guida e con Maria siamo andati all'appuntamento. La guida sembrava un ragazzo. E questo ha preoccupato mia madre. Maria ha osservato in silenzio la scena delle presentazioni tra la guida e mia madre che ha subito domandato:

"Da quanti anni fa la guida?"

"Trent'anni".

"Ha un **patentino**[13]?"

"Prego, signora, guardi!"

"Ma qui sopra c'è scritto "guida alpina"! Che c'entrano le Alpi con la Sicilia?"

"Lo legga bene: c'è scritto anche "guida vulcanologica"!

"Saremo travolti dalla lava?"

"No, il vulcano è grande e noi siamo lontani dal cratere!".

La guida è stata molto paziente. Le ha fatto vedere anche la grande valle, che si chiama Valle del Bove che raccoglie la lava del vulcano e protegge le città intorno. Così quando la gita è terminata, mia madre ha detto: "Non ho mai visto un luogo più bello, sembra di camminare sulla luna". In effetti, l'Etna è uno dei luoghi più belli e visitati d'Italia. Quasi tutti i turisti che arrivano sull'isola vengono a fare un giro sul vulcano. La gita è stata molto utile, ha **rasserenato**[14] mia madre che oggi non ha più paura del vulcano. Ma c'è una novità. Mia madre ha scoperto una cosa nuova e mi ha detto:

"Figlio mio, hai sentito la scossa di **terremoto**[15]?".
"No, quando è successo?".
"Alle tre di notte".
"Dormivo".
"La costa della Sicilia è una zona pericolosa come la California".
"Lo so!".
"Torna a Milano".
"Non posso, lavoro a Catania".
"Scappa!".
"Mamma ho da fare, per favore!".
"Ma proprio a Catania dovevi scegliere di vivere!".
Da quella mattina le telefonate di mia madre iniziano così, con una paura tutta nuova.

11 **la pendice** - der Abhang
12 **pretendere** - verlangen
13 **il patentino** - der Schein
14 **rasserenare** - aufheitern, beruhigen
15 **il terremoto** - das Erdbeben

4 A PASSEGGIO PER PALERMO

Giovanni e Armando sono a Palermo per una breve vacanza. È la loro prima volta in Sicilia, vengono da Milano.
Stanno in un appartamento nel quartiere della **Cala** sul **porto**.
"Usciamo?", chiede Giovanni.
"Sono un po' stanco per il viaggio e poi sono quasi le cinque, ormai aspettiamo l'ora di cena...", risponde il suo fidanzato.
"Uffa... ci sono tante cose da vedere...", replica Giovanni.
"Abbiamo l'indirizzo di un'ottima trattoria che fa piatti tipici... è il ristorante di uno zio della mia collega siciliana", continua Armando.
"Ok, allora prenotiamo per le otto, ma io adesso esco a fare un **giro**[1]", risponde Giovanni.

"Ma dobbiamo **disfare**[2] le valigie... e io voglio farmi una doccia!", dice Armando.
"Va bene, allora tu svuoti le valigie e ti fai una doccia, mentre io faccio due passi", risponde Giovanni.
Armando non risponde, entra in bagno e sbatte la porta. È arrabbiato.

la mandorla

Appena fuori casa, Giovanni vede un vecchietto con due cassette per strada: vende **mandorle** fresche, una **delizia**[3] di stagione. Giovanni, curioso, ne prende mezzo chilo per pochi **spicci**[4].

die Schale

Nel sacchetto ci sono molte mandorle con il **guscio**, allora chiede al contadino: "Come si mangiano?".
Quello lo guarda sorpreso, poi prende una mandorla, la **schiaccia**[5] tra le mani e mostra al ragazzo il frutto chiaro.
Giovanni **si mette all'opera**[6], mentre passeggia: in effetti è facile aprire le mandorle, e sono dolcissime.
"Che bontà!", pensa Giovanni. "Cose simili non esistono a Milano...".
Il ragazzo si incammina.
Poco più avanti vede un **chiosco** sulla strada: vende **granite** di frutta fresca.
"Ecco, proprio quello che ci vuole! Ho sete...", dice fra sé.
Così acquista un bicchiere di granita di **gelso**, la specialità siciliana per eccellenza.

1 **il giro** - der Spaziergang
2 **disfare** - auspacken
3 **la delizia** - die Köstlichkeit
4 **lo spiccio** - das Kleingeld
5 **schiacciare** - knacken
6 **mettersi all'opera** - sich ans Werk machen

il gelso

die Maulbeere

la granita

"Che sciocco Armando... si perde delle cose fantastiche a causa della sua **pigrizia**[7]", pensa mentre gusta la granita. Giovanni prende la guida turistica e la consulta: "Ecco, da questa parte... attraverso la **Vucciria** si arriva alla Galleria di Arte Moderna".

Presto si trova nell'antico **mercato** di Palermo: "Questa passeggiata alla Vucciria mette proprio appetito...", dice fra sé Giovanni, mentre cammina tra **bancarelle** di tutti i tipi: pesce, carne, frutta e verdura dai mille colori. Poi prosegue e intanto ammira la città, la particolare architettura di Palermo, quella medievale e quella araba **convivono**[8] con risultati emozionanti. "Che spettacolo!", sussurra.

7 **la pigrizia** – die Faulheit
8 **convivere** – zusammenleben
9 **il naso all'insù** – die Stupsnase
10 **perdersi d'animo** – den Mut verlieren
11 **a cielo aperto** – im Freien

la bancarella
der (Verkaufs)Stand

E così, col **naso all'insù**[9], arriva di fronte alla Galleria di Arte Moderna. Fa qualche foto, poi entra, ma si accorge che manca poco alla chiusura: non c'è tempo per una visita. Che peccato!

Poi però non **si perde d'animo**[10] e si guarda intorno: il quartiere della Kalsa è un museo **a cielo aperto**[11], palazzi del Rinascimento, **statue** e **fontane**, chiese bizantine.

Giovanni vede un signore che vende **pane e panelle** e ne prende subito una porzione: che bontà!
Giovanni si perde tra le stradine e i profumi, e si ritrova in una piazza. C'è un chiosco di **arancine**.

In Palermo heißt das Bällchen **arancina**, weil es der Form einer Orange (**arancina**) ähnelt; in Catania hingegen **arancino**, weil dort die Reiskrokette spitz ist, und an den Ätna erinnert.

Alle arancine non sa proprio **resistere**[12], così ne compra una e la gusta durante la passeggiata. Mentre mangia gli ultimi **bocconi**[13], vede un altro chiosco molto invitante: su un cartello c'è scritto a mano **pane ca meusa**.
Non ha fame, ma la curiosità è forte.
"Che cos'è?", chiede al signore dietro il banco.
L'uomo lo **guarda di traverso**[14].
Poi prende un panino, lo divide a metà e ci mette dentro della carne **unta** e fumante.
"Di poche parole questi siciliani...", pensa.
Gli mette il panino tra le mani e gli dice: "Mangia!".
Giovanni **obbedisce**[15]: è davvero buono! Così paga e va via soddisfatto.
È quasi sera.
"È meglio se torno da Armando", pensa.
Ripercorre le vie del centro storico di Palermo, si perde, poi ritrova la strada e infine arriva all'appartamento piuttosto stanco.

Alle arancine non sa proprio resistere, così ne compra una e la gusta durante la passeggiata. Mentre mangia gli ultimi bocconi, vede un altro chiosco molto invitante: su un cartello c'è scritto a mano pane ca meusa. Non ha fame, ma la curiosità è forte.

12 **resistere** - widerstehen
13 **il boccone** - der Happen
14 **guardare di traverso** - schief ansehen
15 **obbedire** - gehorchen
16 **indispettito** (Adj.) – verärgert
17 **non essere un granché** – nichts Besonderes sein

"Finalmente!", lo accoglie Armando.
"Scusa, a Palermo ci si perde facilmente, è così bella...".
"Ma il ristorante ci aspetta!", dice Armando, **indispettito**[16].
"Il ristorante?", risponde l'altro confuso.
"Certo! Abbiamo la prenotazione per le otto! Ti ricordi?", chiede il fidanzato. "La cucina tipica!", insiste.
"Scusa, ora ricordo...", Giovanni non sa come dirlo. "È solo che... sono un po' stanco e poi... non ho molta fame...".
"Che cosa?", Armando è **furioso**.
"Sai che ti dico? In fondo la cucina siciliana **non è un granché**[17]...".

5 L'EREDE[1]

La zia Arianna ha una grande villa con un parco sul **lago di Como**. A Bellagio, proprio dove il lago si divide nei due **rami**[2] di Como e di Lecco. Da queste parti è passato pure Leonardo da Vinci. Uno dei libri più importanti della letteratura italiana, *I promessi sposi* di Alessandro Manzoni, **è ambientato**[3] in questi luoghi. E Bellagio è la località con la vista più bella. Anche Stendhal la pensava così, ma poi precisava: "Dopo il golfo di Napoli...".

La zia Arianna ha quasi novant'anni, non ha mai avuto un marito e non ha figli. Ha solo un nipote: Carlo.
Carlo ha cinquant'anni, una moglie, due figli e un intero palazzo in un piccolo paese della Toscana, troppo grande però per la sua famiglia e per il suo **portafoglio**.
Entra acqua dal tetto e le pareti hanno tante **macchie di umidità**[4]. Sono necessari dei lavori. Da qualche anno Carlo **affitta**[5] un paio di stanze ai turisti. È un modo per guadagnare qualcosa.
Adele è la moglie di Carlo, lo aiuta nella **gestione**[6] del palazzo. Roberto e Laura sono i loro figli: passano le giornate a correre per le grandi stanze. In questo momento per i loro giochi usano uno **slittino**[7] di plastica che lascia dei segni profondi sul pavimento.

Der **Lago di Como** (Comer See) ist nach dem **Gardasee** und dem **Lago Maggiore** der drittgrößte See Italiens.

Una volta Carlo e Adele andavano sempre a sciare. Poi lui ha fatto degli investimenti in borsa, è arrivata la crisi e quei soldi sono finiti in pochi mesi. Raccontano spesso ai loro figli della montagna. Così Roberto e Laura chiedono sempre: "Mamma andiamo in montagna a sciare?". E Adele risponde: "Certo, adesso telefono e vediamo se c'è qualche camera libera!".
Ma non vanno mai.

Da qualche tempo un attore americano cerca di comprare la villa di zia Arianna. Adele lo ha letto sui giornali.
Così dice a Carlo: "Telefona alla zia, controlla se è vero".
Lui fa il numero, saluta la zia e poi chiede: "Ma è vero quello che si legge sui giornali?".
E lei risponde: "Tutto vero, mi vuole dare 5 milioni di euro!".
"Così pochi? La villa ne **vale**[8] molti di più!".
E la zia Arianna: "Ma **sta' zitto**[9] tu, che hai perso tutto in borsa!".
E Carlo: "Cara zia, sei **ingiusta**[10] con me, ma sai che ti voglio tanto bene".

1 **l'erede** (m. und f.) – der Erbe/die Erbin
2 **il ramo** – der Arm
3 **ambientare** – spielen
4 **la macchia di umidità** – der Feuchtigkeitsfleck
5 **affittare** – (hier:) vermieten
6 **la gestione** – die Führung
7 **lo slittino** – der Rodelschlitten
8 **valere** – wert sein
9 **sta' zitto** – sei still
10 **ingiusto** (Adj.) – unrecht

La settimana dopo Adele legge sul giornale: "Attore famoso compra villa sul lago di Como per una cifra record di 20 milioni di euro". Così Carlo telefona un'altra volta.

Ma la zia Arianna risponde: "Io non ho venduto nulla! Sarà un altro attore. George è un uomo meraviglioso, bellissimo, affascinante e insieme ci divertiamo molto!".

Carlo cerca di rimanere tranquillo: "Sono contento cara zia, ma ricorda che hai quasi novant'anni".

E la zia risponde: "Sei sempre stato un idiota!".

A Carlo non resta che rispondere con la solita frase: "Cara zia, sei ingiusta con me, ma sai che ti voglio tanto bene".

"La zia ha ragione, sei un idiota! Non capisci!?! L'attore sta cercando di farsi regalare la villa! Vai a Bellagio, subito!".

Adele è molto preoccupata: "La zia ha ragione, sei un idiota! Non capisci!?! L'attore sta cercando di **farsi regalare**[11] la villa! Vai a Bellagio, subito!".

La mattina dopo Carlo ha preparato la macchina, ma squilla il telefono. La zia è morta, così, **all'improvviso**[12]. Il **funerale**[13] si tiene il giorno dopo. Carlo lascia cadere la cornetta. È **immobile**[14], bianco in viso, gli occhi pieni di lacrime. Adele corre ad abbracciarlo. Si stringono, piangono. Questo è il momento più felice della loro vita. Lui è l'unico erede della zia Arianna. Se l'attore americano vuole la villa adesso deve **trattare**[15] con loro. Carlo e Adele continuano ad abbracciarsi, a saltare, a piangere per la gioia. Poi arrivano Roberto e Laura con lo slittino. Adele li bacia sulla testa e dice: "Adesso la mamma telefona in montagna, andiamo a sciare per due settimane!". Anche Roberto e Laura saltano e urlano di gioia.

Il giorno dopo Carlo e famiglia sono pronti per partire, ma squilla di nuovo il telefono. Un notaio li informa di un testamento e di un appuntamento dopo il funerale. Carlo e Adele si abbracciano un'altra volta. Non ci sono dubbi, la zia ha lasciato tutto a loro. Prima del funerale Carlo si ferma in un **centro commerciale**[16], compra un paio di sci a testa, **scarponi**, giacche, tute da sci e due slittini nuovi per i figli. Spende tutti i suoi risparmi. Monta gli sci sul tetto della macchina e riparte. Quando arrivano a Bellagio, davanti alla chiesa, si asciugano le lacrime per le tante **risate**[17]. Si pettinano ed entrano in chiesa. Carlo

11 **farsi regalare** - sich schenken lassen
12 **all'improvviso** - plötzlich
13 **il funerale** - die Beerdigung
14 **immobile** (Adj.) - unbeweglich
15 **trattare** - verhandeln
16 **il centro commerciale** - das Einkaufszentrum
17 **la risata** - das Gelächter

ha un vestito nero e gli occhiali da sole scuri. Adele ha un foulard nero che le copre la testa. Roberto e Laura hanno gli scarponi da sci, gli occhiali da neve, delle giacche gialle e lo slittino sotto il braccio. Carlo dice loro di aspettare in macchina. Intorno alla bara della zia ci sono pochi fiori e poca gente. Durante la **funzione**[18] Carlo e Adele piangono molto. Poi a un tratto tra i banchi della chiesa si sente il rumore di un mobile pesante **trascinato**[19] sul pavimento. Roberto sta spingendo Laura sopra lo slittino nel bel mezzo del funerale. Si fermano a un passo dalla bara. Adele scatta in piedi, prende i due bambini e li accompagna fuori. Carlo pensa che la zia per una cosa del genere potrebbe **strappare**[20] il testamento, anche da morta.
Poi alla fine della messa, un signore alto ed elegante sale sull'altare. È George, l'attore americano. Racconta di zia Arianna, della villa, dei mobili, dei quadri, della dolcezza di questa affascinante signora italiana. Carlo e Adele piangono più forte di prima. Sono felici, tutto è loro: la villa, i mobili, i quadri.

Dopo il funerale Carlo e Adele vanno dal **notaio**[21]. Dentro lo studio trovano anche l'attore americano. Il notaio legge il testamento: "Caro Carlo, anch'io ti ho sempre voluto tanto bene. So quanto costa la **manutenzione**[22] di una grande casa. Io stessa ho speso tanti soldi per la mia villa e il suo giardino. Non voglio essere ingiusta con te, Carlo, e **lasciarti in eredità**[23] un peso economico così grande. La regalo a George, l'unico uomo che mi ha fatto ridere e che tanto la desidera. A te, caro nipote, lascio quello che rimane dei miei risparmi".

I risparmi di zia Arianna **bastano**[24] appena per pagare la vacanza in montagna. George è molto gentile e li saluta con un **inchino**[25]. Carlo e Adele escono dallo studio del notaio, prendono per mano i figli e salgono in macchina, verso la vacanza in montagna.
In macchina non canta più nessuno, nemmeno la radio.

18 **la funzione** – die Totenmesse
19 **trascinato** (von: trascinare) – geschleppt
20 **strappare** – zerreißen
21 **il notaio** – der Notar
22 **la manutenzione** – die Wartung
23 **lasciare in eredità** – vererben
24 **bastare** – genügen
25 **l'inchino** (m.) – die Verneigung

Über das Wasser wandeln …

… konnte man am **Iseosee** im Juli 2016 für rund 2 Wochen, wenn man sich auf die **Floating Piers** der Künstler **Christo** und **Jeanne-Claude** begab.

Der **Lago d'Iseo** ist der **viertgrößte oberitalienische See** nach: **Lago di Garda** (Gardasee), **Lago Maggiore** und **Lago di Como**, den Sie in der vorangehenden Geschichte kennengelernt haben.

Über **1 Mio.** Menschen liefen über die 3 km langen und 16 m breiten, gelben Stege aus Kunststoff.

Geplant wurde das Projekt von den beiden Künstlern bereits vor 40 Jahren. Jeanne-Claude, die 2009 verstarb, konnte die Realisierung nicht mehr erleben.

der Steg
il pontile

fluttuare
schweben

überqueren
attraversare

Eine kulinarische Spezialität aus dem See sind die getrockneten **Agonen**. Ein Fisch, der in vielen Alpenseen am südlichen Rand der Alpen vorkommt.

der Fisch

il pesce

Nach dem Fang werden die Fische ausgenommen, gesalzen und anschließend auf Holzgestellen für ca. 40 Tage aufgehängt. Im Anschluss reifen sie über ein Jahr in Olivenöl.

Durch das Kunstwerk wurde die Stadt **Sulzano** mit den Inseln **Monte Isola** und **San Paolo** verbunden.

San Paolo liegt 500 Meter neben Monte Isola und ist in Privatbesitz.

Monte Isola ragt rund 400 m über die Wasseroberfläche. Sie ist die größte Insel innerhalb eines Sees in Südeuropa.

6 COMPITI[1] PER LE VACANZE

Roccella Jonica, 8 giugno 2020

Cari ragazzi, quest'anno finisce la **scuola elementare**[2].
Con questi ultimi compiti delle vacanze ci salutiamo, ma vorrei lasciarvi qualcosa di importante, qualcosa per la vita: potete ripeterli tutte le estati.
Questi compiti non hanno **scadenza**[3], non hanno neppure età. Sono faticosi a volte, questo sì, ma potete farli con i vostri tempi, senza fretta, quando ne avete voglia, quando siete dell'**umore**[4] giusto.
E, soprattutto, questi compiti non hanno **voti**[5]. Non è possibile fare errori, perché ci sono tanti modi per portarli a termine: voi sapete qual è il modo giusto.

Siete pronti?

Il mare. Abbiamo una grande fortuna: qui vicino c'è il mare. Possiamo andarci spesso e non costa niente. Il compito che dovete fare richiede però qualcosa di diverso. Avete bisogno dell'aiuto di un adulto, ma non è difficile ed è un esercizio molto utile anche per i grandi. Siete abituati ad andare al mare sempre di domenica? Allora scegliete un lunedì o un mercoledì. Quali sono le differenze?

1 **il compito** – die Hausaufgabe
2 **la scuola elementare** – die Grundschule
3 **la scadenza** – die Frist
4 **l'umore** (m.) – die Laune
5 **il voto** – die Note
6 **il castello** – das Schloss
7 **l'esperienza** (f.) – die Erfahrung
8 **la collezione** – die Sammlung

Andate in spiaggia sempre a mezzogiorno? Allora potete mettere per una volta la sveglia alle 6... il mare è sempre lo stesso?

Se non avete mai visto il mare di notte, allora potete chiedere ai vostri genitori di fare una passeggiata dopo cena sulla spiaggia. Potete anche togliere le scarpe e camminare sulla sabbia: è la stessa sabbia dei **castelli**[6] della mattina?

Non è una lezione da imparare: è un'**esperienza**[7]. Non dovete scrivere quello che fate, ma se avete voglia potete prendere **carta** e **penna**.

Una collezione[8]. Potete scegliere qualsiasi oggetto: **conchiglie**, **sassi**, **francobolli**, monete, cartoline, **tappi**... Cosa vi suggerisce la fantasia? Fiori? Foglie? Va bene. Dopo aver scelto l'oggetto della vostra collezione, andate alla ricerca di tanti esemplari di quel tipo.

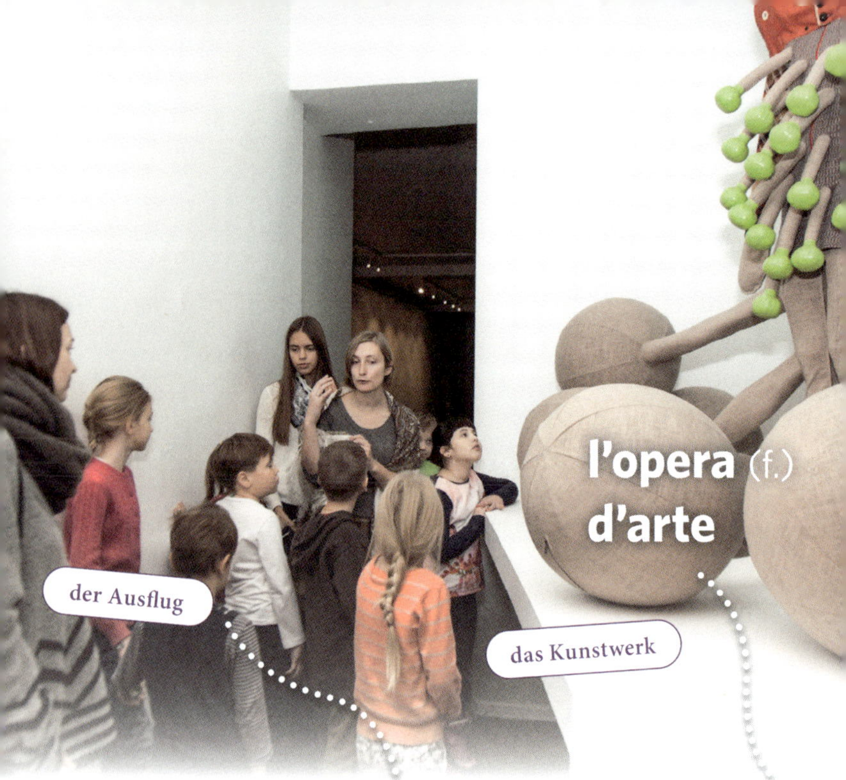

Un museo. Vi ricordate la **gita** dell'anno scorso? Nel MARCA, il Museo delle Arti di Catanzaro, ci sono tante **opere d'arte** ed è bello ammirarle. Potete costruire anche voi un piccolo museo e invitare i vostri amici e la vostra famiglia a visitarlo. Scegliete uno spazio di **esposizione**[9] (il salotto? Il giardino? La via della vostra casa? La spiaggia? La piazza del paese?) e poi **disponete**[10] con cura ogni oggetto. Potete esporre la vostra collezione quando è pronta oppure mostrare tutte le fotografie o i disegni della vostra estate.

La scuola. In un pomeriggio caldo, andate nella via della nostra scuola e osservate. Cosa vedete? Quali suoni sentite? C'è qualcuno lì fuori? E dentro? Il portone è aperto? È chiuso? E le finestre, come sono? Ci sono degli **odori**[11] particolari? Ci sono delle differenze rispetto alla scuola d'inverno? E se ci pensate bene, cosa succede nel vostro cuore? Sentite delle emozioni speciali?
Anche in questo caso non è una lezione da imparare: è un'esperienza. Non dovete scrivere quello che fate, ma se avete voglia potete prendere carta e penna.

Le stelle. Almeno una notte, dovete guardare il **cielo**. Contate le stelle: quante sono? Potete scegliere una stella e darle un nome, misurare la distanza tra una e l'altra, oppure chiudere gli occhi e sentire se le stelle fanno rumore. Anche questa è "solo" un'esperienza.

der Himmel

9 **l'esposizione** (f.) - die Ausstellung
10 **disporre** - aufstellen
11 **l'odore** (m.) - der Geruch

Le storie[12]**.** L'estate è il momento migliore per cercare storie. C'è più tempo per chiacchierare con le persone. Allora chiedete a un nonno, o a un anziano del paese, una storia di tanto tempo fa, magari potete scoprire com'era il nostro paese negli anni '50! In estate c'è anche più tempo per osservare quello che succede attorno a noi. E se avete una curiosità, fate domande. Le domande sono già delle storie!

La natura. Oltre al mare, abbiamo altri luoghi molto speciali: ci sono due grandi **parchi**, il **Parco Nazionale della Sila** e, ancora più vicino al nostro paese, il Parco Nazionale dell'Aspromonte. Sono posti meravigliosi, **popolati**[13] da tante **specie**[14] di **animali selvatici**. L'estate è un buon momento per visitarli. Si possono fare tante passeggiate e tante... esperienze.

Le parole. Quando sentite una parola **sconosciuta**[15], dovete **masticarla**[16]. Sapete cosa significa: dovete ripeterla tante volte a bassa voce, ad alta voce, senza voce, a voce altissima. Potete anche gridare. Che cosa pensate di questa parola?
Quali **sensazioni**[17] sentite nella **bocca**?
C'è un'immagine nuova nella vostra **testa**? A questo punto potete cercare il significato sul dizionario: è vicino alla vostra immagine? Forse sì o forse no, ma adesso la parola è un po' più vostra. Per **conquistarla**[18] totalmente dovete usarla: a tavola mentre mangiate con i vostri genitori, in spiaggia mentre giocate con i vostri amici o quando siete al supermercato.
Le parole sono il **bagaglio**[19] più importante della vostra vita: con una **valigia** piena di parole potete andare dove volete.

Ecco qui i compiti per le vacanze.
Vi auguro tanta felicità.

Con affetto,
la vostra **maestra**[20] Marilisa

12 **la storia** – die Geschichte
13 **popolato** (Adj.) – bevölkert
14 **la specie** – die Art
15 **sconosciuto** (Adj.) – unbekannt
16 **masticare** – kauen
17 **la sensazione** – die Empfindung
18 **conquistare** – erobern
19 **il bagaglio** – die Ausstattung
20 **la maestra** – die Lehrerin

7 LA CASA DI RINGHIERA

Mi chiamo Gino e vivo a Torino. Abito in una **casa di ringhiera**, un tipo di **edilizia** popolare tipica delle città del Nord Italia, realizzata agli inizi del Novecento. La sua caratteristica principale è il balcone, che corre lungo tutta la facciata interna e collega i vari appartamenti che si trovano a quel piano. Io, per esempio, per arrivare a casa mia, **percorro** tutto il balcone e passo davanti alla casa di Mario (che è un mio amico, molto bravo con i motori) e a quella di Alberto (che invece fa lo **stilista**[1], convive con una modella e che io **invidio**[2] molto). Insomma questo balcone è una specie di grande corridoio esterno.

La casa in cui vivo era di mio nonno. Quando era giovane lavorava in una famosa industria automobilistica di Torino. Poi siamo arrivati noi: mio padre, mia madre e io. Da qualche anno, questo tipo di casa è molto ricercata. La gente suona al campanello

Eine **casa di ringhiera** ist ein Gebäudetyp, den man häufig in **Turin, Mailand** und in der **Lombardei** antrifft. Typisch sind die um jedes Stockwerk der Länge nach verlaufenden Außenbalkone, welche die Wohnungen miteinander verbinden. Sie gehen oft in Richtung Innenhof – auch dieser ist dem gemeinsamen Gebrauch durch die Mieter vorgesehen.

e chiede se qualcuno vuole vendere l'appartamento. Un giorno sono venute delle persone a fare un servizio fotografico, così io e Mario **siamo finiti**[3] su una **rivista**[4] di architettura, proprio come due persone importanti.
Così il giorno dopo sono andato dalla ragazza di Alberto (lui non era in casa) e le ho fatto vedere la rivista con la mia foto. Lei si chiama Ivonne, è bionda, francese e con gli occhi azzurri. Mi ha fatto una carezza sulla testa.

Per me questa carezza è un complimento, invece Mario ride, **mi prende in giro**[5] e dice: "Ivonne ti accarezza come un cane".

1 **lo stilista** – der Modeschöpfer
2 **invidiare** – beneiden
3 **finire** – (hier:) landen
4 **la rivista** – die Zeitschrift
5 **prendere in giro qc** – sich über jdn. lustig machen

Mia madre **ha incorniciato**[6] la foto e dice: "Con questo articolo la casa vale almeno il doppio".

Io e Mario abbiamo appena 14 anni e da qualche tempo, quando parliamo sul balcone, ci ritroviamo a guardare sempre dentro la casa di Ivonne. Eppure questo, fino a un anno fa, non capitava, non capisco perché. Quando compio 18 anni, prendo subito la **patente**[7] e invito Ivonne a fare un giro in macchina. Quando non c'è Alberto, naturalmente. Questo mio desiderio non lo rivelo a Mario.
Mario è un tipo diverso da me. Io sono magro e **riccio**. Lui è basso e **ha i capelli a spazzola** e sa fare molte più cose di me.

Per esempio sa guidare la macchina, anzi sostiene di avere la patente. E quando gli chiedo: "Ma dove l'hai presa?", lui risponde: "In America, da mio zio, la scorsa estate". Ma io non gli credo. Comunque, guida davvero bene. Per farmi vedere quanto è bravo ci alziamo la notte. Quando i suoi e i miei genitori dormono. Verso le tre ci vediamo sul balcone. Io esco dalla finestra, corro con le pantofole, arrivo davanti alla finestra di casa sua e aspetto. Lui apre la finestra, **scavalca**[8] e scendiamo giù in strada. Suo padre ha una macchina molto piccola, da città. Lavora in centro, fa il direttore di banca e per arrivare prima al lavoro ha bisogno di una macchina piccola. Mario sale, si mette la cintura di sicurezza, mi guarda negli occhi e parte. A quell'ora di notte c'è poco traffico e la strada è libera. Facciamo un sacco di giri. Tutti intorno al quartiere. Guidiamo a zigzag e alcune volte facciamo lunghi tratti in **retromarcia**[9]. Mario è una specie di pilota, lo **ammiro**[10] molto. Poi dopo un'oretta, quando vediamo i primi tram uscire dal deposito, torniamo a casa. Parcheggiamo esattamente dove abbiamo preso la macchina, saliamo a casa, camminiamo zitti zitti sul nostro balcone, ci salutiamo e ci mettiamo a dormire. Nessuno si accorge di nulla. Non lo facciamo sempre, perché poi il giorno dopo abbiamo troppo sonno e a scuola non **combiniamo**[11] nulla. Ancora oggi quando penso a quelle uscite notturne, sento male al sedere per i **calci**[12] che ho preso da mio padre. Perché sì, a un certo punto questo divertimento è finito. E la colpa è di Ivonne, anche se lei **non c'entra nulla**[13].

Ci siamo svegliati come sempre intorno alle tre per fare il solito giro.

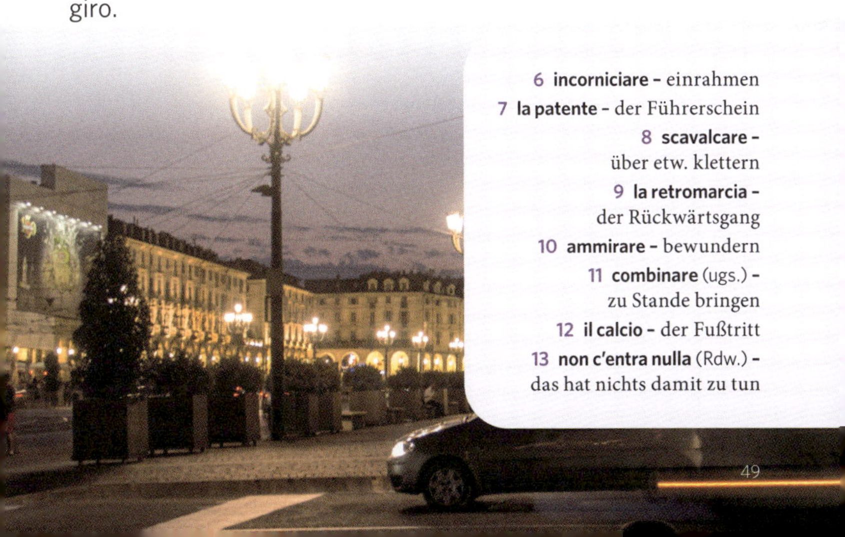

6 **incorniciare** – einrahmen
7 **la patente** – der Führerschein
8 **scavalcare** – über etw. klettern
9 **la retromarcia** – der Rückwärtsgang
10 **ammirare** – bewundern
11 **combinare** (ugs.) – zu Stande bringen
12 **il calcio** – der Fußtritt
13 **non c'entra nulla** (Rdw.) – das hat nichts damit zu tun

Ma che confusione: Ivonne piangeva, mio padre e il padre di Mario urlavano contro di noi e noi cercavamo di proteggerci dai loro calci.

Dopo un po' abbiamo visto da lontano la macchina di Ivonne, con lei al volante che tornava a casa da sola. Al **semaforo**[14] vicino al deposito dei tram ci siamo messi con la nostra macchina accanto alla sua. Allora io ho abbassato il finestrino e l'ho salutata. Lei non credeva ai suoi occhi e si è messa a urlare. Mario non si aspettava questa reazione e così, un po' per l'**imbarazzo**[15], un po' perché in realtà non ha davvero la patente, ha messo il piede sull'**acceleratore**[16] e la macchina è finita proprio sotto uno dei primi tram che uscivano dal deposito vicino casa. Per fortuna non ci siamo fatti male. Ma che confusione: Ivonne piangeva, mio padre e il padre di Mario urlavano contro di noi e noi cercavamo di proteggerci dai loro calci. Dopo è arrivata anche la polizia e un giornalista che ha fatto delle foto. Alla fine le lacrime di Ivonne hanno convinto la polizia a non **arrestare**[17] né me né Mario. Ma il giorno dopo io e Mario eravamo di nuovo sul giornale. Questa volta mia madre non ha incorniciato la foto...

imprecare

schimpfen

14 **il semaforo** - die Ampel
15 **l'imbarazzo** (m.) - die Verlegenheit
16 **l'acceleratore** (m.) - das Gaspedal
17 **arrestare** - festnehmen

8 COLPO DI FULMINE[1] A MILANO

Lei si chiama Lisetta.
È bella, bellissima, leggera e **sinuosa**[2].
Io sono Fabio, **commercialista**[3], 34 anni.
Un giorno ero con un amico, lui **mi ha fatto un cenno**[4], io ho posato gli occhi su di lei ed è stato amore a prima vista.
Da quel momento io e Lisetta non ci siamo più separati.
La mattina faccio colazione al bar e la prendo per andare al lavoro.
Io abito a Lambrate, il quartiere in cui vivo da quando studiavo all'università. Andiamo in centro insieme, dove c'è il mio ufficio, proprio in una stradina sul **retro** del **Duomo**. Con lei il tempo vola e non voglio arrivare subito: lasciarla in strada, con un saluto distratto, mi mette tristezza. Non vorrei mai separarmi da lei.
Allora comincio a fantasticare, conto le ore che mancano alla fine della giornata lavorativa, perché so che, uscito dal portone dello studio, Lisetta **sarà**[5] lì ad aspettarmi, splendente e meravigliosa.

1 **il colpo di fulmine** – die Liebe auf den ersten Blick
2 **sinuoso** (Adj.) – kurvenreich
3 **il commercialista** – der Steuerberater
4 **fare un cenno a qu.** – jdm. zunicken
5 **sarà** (Futur von: ‚essere') – wird sein

E poi penso al fine settimana e a tutte le passeggiate che potremo fare insieme.
Da quando è mia, sono cambiato.
Un tempo la mia vita era tutta lavoro. A fine giornata vedevo degli amici per un aperitivo e **mi ritrovavo**[6] a bere troppo e a mangiare male. Tornavo a casa e finivo davanti alla TV a guardare film o programmi senza attenzione. Di venerdì e sabato, uscivo fino a tarda notte: locali pieni di gente, tanto alcol e incontri con donne senza nome.
Ma poi, da quando c'è Lisetta nella mia vita sono cambiate molte cose.
È cambiato il mio modo di **concepire**[7] il tempo libero. Adesso preferisco trascorrere i fine settimana **immerso**[8] nella natura a **godere**[9] del verde, dei boschi e delle passeggiate lungo il lago.
Lei mi segue sempre, non mi ha mai creato problemi e più stiamo insieme più l'armonia tra noi ci permette di affrontare qualsiasi **imprevisto**[10].

È cambiato anche il mio rapporto con la città. Io non sono di Milano, ci sono venuto per studiare, poi ho trovato lavoro e sono rimasto. Vivo qui da quindici anni, ma non la conosco davvero.
Ci sono tantissimi luoghi che non ho mai visto, ma grazie a Lisetta, adesso, ogni occasione è buona per esplorarla.

Per esempio il **Parco Sempione**. Ci sono andato spesso, soprattutto i primi anni di università, con gli amici, una chitarra e qualche panino. Ma solo adesso, con Lisetta, mi sono accorto di quanto è grande e meraviglioso. C'è un silenzio irreale, e la sera, poco prima del **tramonto**[11], il cielo regala una luce speciale. Spesso ci vado con un libro: mi sistemo sotto un castagno, vicino al ponte delle Sirenette, con un occhio controllo Lisetta, con l'altro leggo qualche pagina del mio romanzo e torno a casa rigenerato.

An der südöstlichen Seite des Parks befindet sich das **Castello Sforzesco**, Mailands berühmtes Schloss.

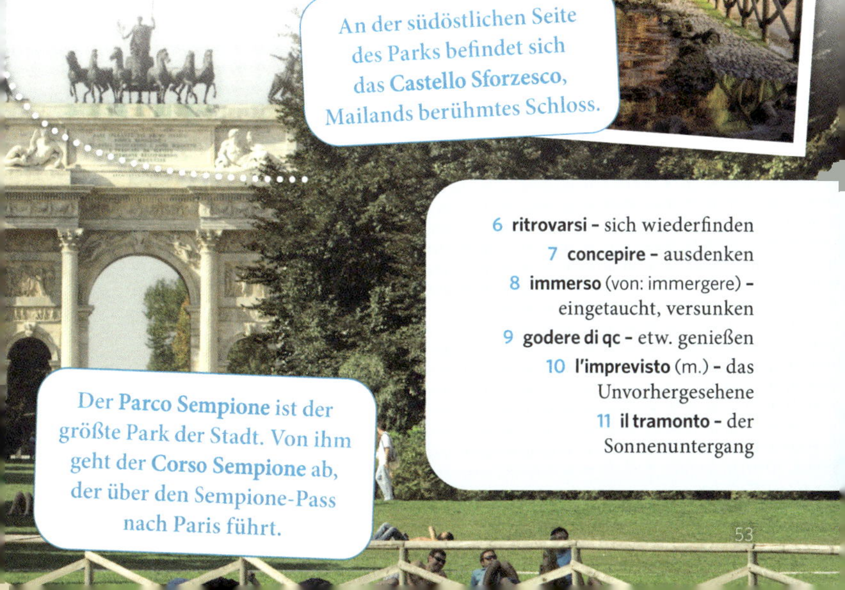

Der **Parco Sempione** ist der größte Park der Stadt. Von ihm geht der **Corso Sempione** ab, der über den Sempione-Pass nach Paris führt.

6 **ritrovarsi** – sich wiederfinden
7 **concepire** – ausdenken
8 **immerso** (von: immergere) – eingetaucht, versunken
9 **godere di qc** – etw. genießen
10 **l'imprevisto** (m.) – das Unvorhergesehene
11 **il tramonto** – der Sonnenuntergang

Una domenica mattina, mentre giravamo senza meta per la città, abbiamo scoperto il **Bosco Verticale**, vicino al quartiere Isola. Qualcosa di superlativo. Due **grattacieli** che ospitano centinaia di piante e alberi. Natura e cemento che **si fondono**[12] perfettamente. Sono rimasto a **guardare senza fiato**[13], mi sentivo piccolissimo.

Due grattacieli che ospitano centinaia di piante e alberi. Natura e cemento che si fondono perfettamente. Sono rimasto a guardare senza fiato, mi sentivo piccolissimo.

Quel giorno mentre tornavo a casa e stringevo tra le mani Lisetta, mi sono sentito molto fortunato e ho pensato che la vita è davvero imprevedibile.

Oggi è lunedì. Non ho voglia di fare nulla. Ho una pila di **pratiche**[14] da **smaltire**[15] sulla scrivania, ma non riesco a trovare la giusta concentrazione. È ottobre, non fa ancora molto freddo e c'è luce fino al tardo pomeriggio.

il grattacielo

das Hochhaus

Die Gebäude sind auf ihren Terassen und Balkonen mit **900 Bäumen** und **200 anderen Pflanzen** bepflanzt.

Berühmt ist Mailand für die beiden Türme, die **Bosco Verticale** (senkrechter Wald) heißen. Es handelt sich dabei um zwei Wohnhäuser des Architekten **Stefano Boeri**, die 110 und 80 Meter hoch sind.

Quasi, quasi, vado a prendere Lisetta e facciamo un giro ai **Navigli**. Mi piace passeggiare in quella zona prima del buio, quando i locali sono ancora vuoti e le strade silenziose.

Mi piace sognare di abitare in una di quelle case di ringhiera **che danno sui canali**, poter vedere i **cortili**[16] dalla strada e sentirmi in una città europea come Amsterdam o Stoccolma.

Basta, chiudo tutto e vado. Alle pratiche ci penso domani.

Scendo in strada, mi guardo attorno.

Lisetta non c'è.

Non è dove l'ho salutata stamattina.

Allora mi sono confuso: forse l'ho lasciata all'angolo del bar?

E invece no, non è neppure là.

Chiedo al barista se l'ha vista, niente.

Chiedo ai passanti, descrivo Lisetta, la gente mi guarda **stupita**[17]. Non possono capire.

Continuo a correre, non so neanch'io cosa spero di trovare.

Lei non c'è, non c'è più.

Vago[18] senza meta, esausto e **sconvolto**[19]. Poi mi ritrovo davanti ai Carabinieri.

"Buongiorno, vorrei fare una **denuncia di furto**[20]: la mia bicicletta".

12 **fondersi** - verschmelzen
13 **guardare senza fiato** - sprachlos betrachten
14 **la pratica** - der Vorgang
15 **smaltire** - erledigen
16 **il cortile** - der Hof
17 **stupito** (Adj.) - erstaunt, verdutzt
18 **vagare** - umherziehen
19 **sconvolto** (Adj.) - erschüttert
20 **la denuncia di furto** - die Diebstahlsanzeige

9 LETTERA D'ADDIO

Curon, 17 luglio 1950

Mia dolce Agnese,

ti penso ogni momento. A volte mi sembra di vederti: sei qui accanto a me, guardo i tuoi occhi verdi, accarezzo la tua guancia e stringo le tue mani. Tu mi parli, ma non sento la tua voce e capisco che è solo fantasia.
Non ti vedo da mesi, perdo il **conto**[1] dei giorni e ormai niente ha senso per me.
Tutta la Storia è contro di noi. Prima la **guerra**[2], la fame, la distruzione. Poi la tua famiglia: sono un umile **sagrestano**[3], troppo poco per loro, senza **terra**[4]. Il loro **rifiuto**[5] mi fa ancora male. Ricordo l'**indifferenza**[6] di tuo padre. E lo sguardo di tua madre, il suo dolore.
Ormai non c'è più speranza.
La **diga**[7] è pronta. Il paese aspetta l'acqua.
Chissà dove sei.
Non mi scrivi e io vivo solo nella speranza di rivederti.
"Ti amo, solo questo è importante", ricordo le tue parole, le tengo nella mente, nella bocca, sono la mia forza.
"Se non sono tua, non sono di nessun altro", mi dici ancora quando chiudo gli occhi di notte e **appari**[8] accanto a me.
E io vivo per questo, per la nostra felicità così fragile, la felicità di pochi momenti rubati.

Agnese dove sei adesso?
L'acqua arriva. Forse domani, dopodomani, il mese prossimo. Ormai le nostre 107 case sono vuote. Il paese è **disabitato**[9] già da tempo.
Qualcuno ha una **baracca**[10] in Vallelunga, qualcuno è da parenti su in montagna e altri sono ormai lontani, come te e la tua famiglia, in cerca di nuove opportunità, di una nuova vita.
Siamo tutti **fantasmi**[11].
Cammino per le vie del nostro piccolo paese, ricordo gli angoli dei nostri appuntamenti, ritorno dietro le **stalle**[12] di Gerardo, dove... non posso ricordare i tuoi **sospiri**[13]. Soffro troppo.
Busso alle porte, cerco le voci della nostra **comunità**[14], ma non c'è più nessuno. Anche gli animali non ci sono più, le galline di Gemma, le mucche di Antonio. Non c'è più vita.
Ci sono solo gli interessi dei ricchi, i soldi di pochi.
La diga serve al **progresso**[15], dicono. Ma la gente perde la terra, le case, le **fattorie**[16]. A chi serve il progresso quando non c'è il pane? E perdiamo la memoria, i luoghi delle nostre **radici**[17], delle nostre infanzie, dei nostri amori.
Oggi suono le **campane** per l'ultima volta: domani è in programma la **rimozione**[18], poi il silenzio.

1 **il conto** - die Rechnung
2 **la guerra** - der Krieg
3 **il sagrestano** - der Küster
4 **la terra** - das Land
5 **il rifiuto** - die Ablehnung
6 **l'indifferenza** (f.) - die Gleichgültigkeit
7 **la diga** - der (Stau)Damm
8 **apparire** - erscheinen
9 **disabitato** (Adj.) - unbewohnt
10 **la baracca** - der Schuppen, der Verschlag
11 **il fantasma** - der Geist
12 **la stalla** - der Stall
13 **il sospiro** - der Seufzer
14 **la comunità** - die Gemeinschaft
15 **il progresso** - das Fortschreiten
16 **la fattoria** - der Hof, das Gut
17 **la radice** - die Wurzel
18 **la rimozione** - die Entfernung

Le campane sono il mio canto d'amore per te, ogni **rintocco**[19] è un bacio per te, per le tue labbra lontane.
Il vento si alza e porta la melodia in Vallelunga, forse arriva a te, anche se non so dove sei.
Chissà se senti le campane, amore mio.
Il paese è già morto. Restano le finestre, ma nessuno **si affaccia**[20]. Le porte sono chiuse. Resta anche la **legna** per quando arriva il freddo, ma questo paese non ha più inverni. Restano le **vasche**[21], vuote. Aspettano l'acqua, ma non ci sono più **panni**[22] da lavare.

Resto qui, aspetto l'acqua, suono le mie campane un'ultima volta. Lo faccio per te, le campane risuonano nella valle e tu sei attorno, da qualche parte.
Resto qui, dove ci sono i nostri ricordi.

L'acqua arriva e resto anche io.
Resto qui, Agnese. E questo è il mio addio.
Resto qui, aspetto l'acqua, suono le mie campane un'ultima volta. Lo faccio per te, le campane **risuonano**[23] nella **valle** e tu sei attorno, da qualche parte.
Resto qui, dove ci sono i nostri **ricordi**[24].

Tuo Vincenzo

*Sul lago di Resia, oggi sorge parte del **campanile**, **sommerso**[25] durante la costruzione della diga nel 1950 che ha distrutto i paesi di Curon, Vesia e San Valentino. La leggenda narra che in alcune giornate d'inverno è possibile sentire il suono delle campane, anche se non ci sono più.

19 **il rintocco** – (hier:) der Glockenschlag
20 **affacciarsi** – sich zeigen
21 **la vasca** – der Waschtrog
22 **i panni** (Pl.) – die Wäsche
23 **risuonare** – (hier:) wiedererklingen
24 **il ricordo** – die Erinnerung
25 **sommerso** (Adj.) – überschwemmt

Südtirol …

… hat einiges zu bieten, darunter diese bekannte Ansicht des **Sassolungo** – zu Deutsch ‚Langkofel' – in den Grödner Dolomiten.

Bressanone (Brixen) ist die drittgrößte Stadt Südtirols und gleichzeitig eine der ältesten. Besonders schön ist die historische Altstadt mit dem Brixner Dom, zahlreichen Kirchen und wunderschönen Stadthäusern.

Der lange Zeit nur Bergwanderern bekannte **Lago di Braies** (Pragser Wildsee) erlebte einen regelrechten Boom durch die Sozialen Medien. Der ‚Geheimtipp' löste einen derartigen Ansturm aus, dass die kleine Gemeinde am See regelrecht überrannt wurde.

Lago di Braies

Eine der südtirolerischen Spezialitäten schlechthin sind **Knödel** in zahlreichen Varianten: ob Speck- oder Spinatknödel – sie sind allesamt köstlich ... und so ist es nach dieser Schlemmerei ganz gut, dass ein paar Berge zum Wandern direkt in der Nähe liegen!

Südtiroler Spezialitäten

10 LA NONNA SI SPOSA

In Puglia la domenica si pranza in famiglia. Tutti insieme, seduti intorno a una lunga tavola **apparecchiata**[1]. Ci riuniamo in casa della nonna che vive da sola da quando è rimasta vedova. D'estate, invece passiamo tutta la domenica al mare e il tavolo lo apparecchiamo sulla spiaggia, sotto gli ombrelloni. Tutta la mia famiglia vive a Lecce. In estate tutto è più divertente a cominciare dalla partenza. Ci vediamo tutti davanti casa della nonna. La nonna ha tre figli: papà, lo zio Salvo e la zia Ninetta, che fra qualche mese si sposa con Luca. La nonna non cammina più bene, è sempre vestita di nero e indossa le calze anche ad agosto. È un po' complicato farle fare le scale per uscire di casa. Vive al secondo piano. Così papà e lo zio Salvo hanno inventato un modo.

La fanno sedere sopra una sedia, la legano e la tirano giù dal balcone. La nonna si spaventa un po' durante questa operazione. Alcune volte **urla**[2]. Anche la mamma, la zia Ninetta e la zia Carmela si spaventano. E urlano quando la nonna urla, ma papà e lo zio ridono un sacco. Anch'io rido. Poi la nonna si accomoda sul sedile davanti della nostra macchina: una vecchia Fiat modello 127, verde pisello. Il papà e lo zio legano poi la sedia sopra il tettuccio della nostra macchina. Lo zio Salvo non vuole legare la sedia sul tetto della sua macchina. Ha paura che si **graffi**[3] la vernice metallizzata della sua Mercedes. Lo zio Salvo è simpatico, ha la barba, è molto alto e ride sempre. Lo zio Salvo è sposato con la zia Carmela che porta i capelli corti come un maschio, tutti all'insù, e ha due figli: Federico e Daniele. Io viaggio in macchina con loro quando andiamo al mare. Federico ed io giochiamo tutto il giorno con il pallone. Daniele ha tre anni e non riesce a giocare con noi. Federico ha sette anni, come me, ma è molto più forte e alto. Domenica scorsa ha tentato di **uccidermi**[4]. Stavamo in acqua appesi a un materassino rosso. Facevamo una gara: vinceva chi riusciva a sdraiarsi sul materassino. Per vincere Federico, ha messo una mano sopra la mia testa e mi ha cacciato sott'acqua. Io non ricordo molto altro. Ricordo solo che quando mi sono risvegliato ero disteso sulla sabbia. Avevo un sacco di persone intorno e Federico si teneva una **guancia**[5] con una mano e con l'altra cercava di stare lontano dallo zio Salvo, che era molto arrabbiato. La zia Ninetta invece non ha la macchina. Al mare ci va con la vespa di Luca, il suo fidanzato. Si sposano fra qualche mese. Lei sembra molto contenta di questa cosa e con mamma, la zia e la nonna parlano sempre del matrimonio. Luca è stato assunto da poco in un ufficio pubblico. La zia Ninetta è molto bella, ha i capelli lunghi neri e lisci. In spiaggia gli uomini la guardano sempre. La zia Carmela e la mamma dicono che dovrebbe mettere un costume meno **vistoso**[6]. Federico ed io osserviamo

1 **apparecchiare** - decken
2 **urlare** - schreien
3 **graffiare** - kratzen
4 **uccidere** - umbringen
5 **la guancia** - die Wange
6 **vistoso** - auffällig

Luca. Sembra molto grande, quasi dell'età di papà e dello zio Salvo. Per noi la cosa più divertente era la **spiaggia**. Si trova a pochi chilometri da Lecce, il posto si chiama Torre Chianca. Quando arriviamo al parcheggio, tiriamo tutto fuori dal **portabagagli**[7]: ceste, **ombrelloni**, **sdraio**, palloni, le bibite, la roba da mangiare e anche le borse con il ghiaccio. Tiriamo giù la sedia della nonna dalla macchina. E poi papà e lo zio Salvo fanno sedere la nonna sulla sedia e la sollevano fino alla spiaggia. Papà suda molto durante questo tragitto. Papà non è alto e ha una pancia rotonda. La mamma gli ripete sempre che non deve sforzarsi. Una volta papà è **inciampato**[8]. La sedia è caduta e la nonna è finita con la testa in mezzo alla sabbia. Federico rideva e anche a me veniva da ridere. Poi sulla spiaggia piantiamo

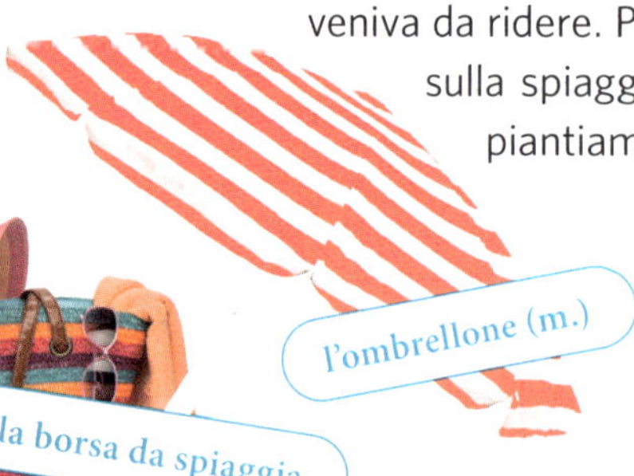

gli ombrelloni per fare ombra e far sedere la nonna con la sua sedia. Poi mettiamo l'acqua e le birre dentro dei **catini**[9] pieni di ghiaccio. E sopra i catini la frutta. Per le cose calde come la pasta non c'è bisogno di fare nulla. Siamo tra i primi ad arrivare in spiaggia. E la nostra zona sembra un accampamento[5] indiano. Poi noi siamo liberi di correre verso il mare e giocare a calcio. La nonna, invece, rimane seduta sulla sua sedia, vestita come tutti i giorni. A turno la mamma e le zie le fanno compagnia e cercano di farle fresco con un ventaglio. In macchina lo zio Salvo dice spesso che ha paura per la nonna. Dice così: "Per lei fa troppo caldo, e poi è sempre vestita di nero. Un giorno o l'altro **ci rimane**[10]." Federico ed io non capiamo bene cosa vuol dire. Pensiamo che la nonna voglia rimanere da sola al

7 **il portabagagli** – der Kofferraum
8 **inciampare** – stolpern
9 **il catino** – die Schüssel
10 **rimanerci** – auf der Strecke bleiben

mare, senza di noi, con qualche suo amico. La domenica, stiamo tutta la giornata in spiaggia, dalle 9 del mattino alle 8 di sera. Facciamo un sacco di cose: mangiamo, beviamo, nuotiamo, peschiamo e tiriamo pallonate. Oggi però è successa una cosa. Federico con una pallonata ha colpito la nonna che stava bevendo una bottiglia di birra. Tutti sono corsi da lei per capire se si era fatta male. Federico ed io siamo scappati. Per me questa volta Federico era riuscito ad ammazzare qualcuno. Mi sbagliavo per fortuna. Da lontano vedevamo la nonna muoversi. Era viva. Tutti le stavano intorno. Nessuno veniva a cercarci. Una cosa strana per una pallonata che non aveva ucciso nessuno. E per un po' di birra versata sulla sabbia. Tutti lo sapevano che la nonna sotto l'ombrellone beveva tre o quattro birre. Federico lo diceva sempre "La nonna si beve tutte le birre", ma tutti hanno sempre **fatto finta di**[11] niente. Questa volta però la pallonata aveva creato qualche altro problema che abbiamo scoperto più tardi. Da dietro gli scogli, Federico ed io vedevamo la zia Ninetta piangere e il suo fidanzato mettergli una mano intorno alle spalle. Ci siamo avvicinati. E abbiamo sentito questa cosa. La nonna ha detto: "Sabato mi sposo". Papà diceva: "Ma quanta birra gli avete fatto bere?". Il problema non era la birra. A settantotto anni, la Nonna non voleva più stare sola. Le domeniche al mare erano belle, ma non bastavano. A casa parlava spesso con un signore che abitava lì vicino, anche lui viveva da solo. Si volevano sposare per tenersi un po' di compagnia. Tutti avevano le facce molto tese. Le stesse facce di quando hanno portato il nonno al cimitero. Non parlava più nessuno, anche quando sotto gli ombrelloni la mamma e la zia hanno iniziato ad apparecchiare la tavola con sopra tutte le **teglie**[12] di pasta al forno. Di solito papà e lo zio Salvo a questo punto iniziano a fare baldoria e battute. Questa volta no. Solo Federico ed io abbiamo allungato il piatto per farcelo riempire. Nessuno sembrava avere fame. La zia Ninetta continuava a piangere. La nonna era l'unica che continuava a parlare. Raccontava delle cose che avevano a che fare con case, terreni e conti in banca del suo futuro sposo. Intorno alla tavola tutti la fissavano e questa volta le facce non erano più come quelle del giorno del funerale. La nonna disse anche che questo signore non aveva figli. Poco dopo papà iniziava a riempirsi il piatto con una forchettata grande di pasta al forno. Anche lo zio Salvo iniziava a riempire il suo piatto. E subito dopo versava una piccola bottiglia di birra alla nonna. La zia Ninetta continuava a piangere, ma adesso non la **consolava**[13] più nessuno. Tutti, anche Luca il suo fidanzato, adesso osservavano la nonna e quello che stava dicendo. La settimana dopo la nonna si sposò in chiesa con Antonio, un signore alto come la nonna, con un bastone, tutto elegante e con una margherita bianca nel taschino della giacca. La nonna aveva un vestito blu. La domenica dopo sul tettuccio della mia Fiat, modello 127, di colore verde pisello, le sedie erano diventate due.

11 **far finta di** – so tun, als ob

12 **la teglia** – die Backform

13 **consolare qu** – jdn. trösten

11 SCOLARI A CASTEL DELL'OVO

Sollten Sie einmal in Neapel sein, nehmen Sie die **Metrò dell'Arte**. Die Stationen **Toledo, Dante** und **Museo** wurden von renommierten Künstlern gestaltet.

"Siete tutti pronti?".

"Sì, maestra!", rispondono in coro i bambini.

"Potete lasciare gli **zaini** in classe".

"Maestra, io ho dentro il panino. E se poi mi viene fame?", chiede Eduardo dal primo banco, con i suoi occhiali rotondi come le **guance**[1].

"Abbiamo la **merenda**[2] al sacco, non ti preoccupare".

"Che bello!", "Evviva!", tutti saltano di gioia. Sono bambini di **terza elementare**[3], hanno più o meno otto anni.

"Ora indossate le giacche e **mettetevi in fila**[4]".

Rumorosamente, nell'allegria generale, la vivace **scolaresca**[5] si dispone in fila per due. Ogni coppia di bambini si tiene per mano.

Sono pronti per una gita in città: andranno a Castel dell'Ovo, il più antico **castello**[6] di Napoli.

"Eduardo, non c'è bisogno che metti il panino in tasca, portiamo noi la merenda!", dice la maestra Annarita, mentre controlla se tutti i bambini sono vestiti e in ordine.

"Ma, maestra, io lo voglio portare! Se poi mi viene fame...", risponde il bambino.

La maestra Patrizia chiude la fila e conta più volte i bambini: "Uno, due, tre, quattro... e ventiquattro. Bene, ci sono tutti".

La compagnia esce dalla scuola che si trova nel centro storico di Napoli, a un passo dal mare. La passeggiata fino al castello è breve. Una **macchia**[7] di mille colori e voci **squillanti**[8] attraversa la Villa Comunale, lo storico giardino della città.

"Maestra, possiamo fare un picnic qui per merenda?", chiede Eduardo, mentre tiene in tasca il suo panino.

"No, non ancora, è molto presto, aspettiamo di arrivare al castello", risponde la maestra Annarita.

"Maestra, però Giovanni mi tira i capelli!", dice Federica, con gli occhi pieni di lacrime.

"Uno, due, tre, quattro... e ventiquattro. **Meno male**[9]". La maestra Patrizia si ferma e conta la scolaresca per essere sicura di non aver perso nessuno per strada.

Napoli und die Heiligen
In **Neapel** wird **52** verschiedenen Heiligen gehuldigt. Besonders wichtig ist **San Gennaro**, der dreimal im Jahr sein Blut flüssig werden lässt.

1 **la guancia** - die Wange
2 **la merenda** - das Vesper(brot)
3 **la terza elementare** - die dritte Klasse
4 **mettersi in fila** - sich aufreihen
5 **la scolaresca** - die Schülerschaft
6 **il castello** - die Burg
7 **la macchia** - der Farbtupfer, der Sprenkel
8 **squillante** (Adj.) - schrill
9 **meno male** (ugs.) - zum Glück

Il gruppo segue il **lungomare** fino al Passaggio di **Castel dell'Ovo**, una **lingua di terra** che collega la città all'isolotto che ospita il castello nel golfo di Napoli.

"Qualcuno di voi è già stato in questo castello?", chiede la maestra Annarita.

"Io, maestra!", risponde Margherita, una bambina con le **trecce**.

"Ah, benissimo! E cosa ti ricordi?".

"Niente, maestra".

"Allora vi faccio un'altra domanda: sapete perché si chiama Castel dell'Ovo?".

"Forse perché è un castello a forma di uovo?", prova a **indovinare**[10] Stefano con un dito nel naso.

"Non proprio. Qualcun altro conosce la risposta?".

"Forse perché c'erano tante galline che facevano le uova e gli abitanti del castello le mangiavano tutte", inventa Eduardo.

"Neppure per questo. In realtà si racconta che in questo castello è custodito un uovo. Ma non un uovo di gallina, bensì un uovo di **struzzo**".

"Un uovo di struzzo, maestra?".

"E quanto è grande?".

"Ma si mangia?".

"E a che serve?".

I bambini sono sempre molto curiosi.

"Vi ricordate di Virgilio, il poeta che ha raccontato le avventure di Enea?

der Strauß

lo struzzo

Proprio lui ha messo un uovo di struzzo magico in una caraffa di vetro piena d'acqua, ha sistemato questa caraffa in una **gabbia**[11] di ferro e ha **appeso**[12] la gabbia al soffitto di una stanza segreta di questo castello".

I bambini **spalancano**[13] gli occhi: "Ma c'è ancora questo uovo nel castello?".

"Nessuno lo sa, ma possiamo cercarlo!".

"E se lo troviamo ce lo possiamo portare a scuola?", chiede Giacomo, saltando per l'emozione.

"Ma c'è ancora questo uovo nel castello?". "Nessuno lo sa, ma possiamo cercarlo!".

"No, bambini", risponde la maestra Patrizia. "Questo uovo magico serve a proteggere il castello e tutta la città di Napoli. Se lo portiamo via e per disgrazia lo rompiamo, può succedere di tutto!".

Arrivati al castello i bambini sono eccitati all'idea di cercare questo oggetto magico e prezioso. "Uno, due, tre, quattro... e ventiquattro. Va bene possiamo entrare", dice la maestra Patrizia. Così gli scolari si dividono in gruppi e corrono su per le **gradinate**[14] del castello, per cercare in ogni angolo.

10 **indovinare** – (er)raten
11 **la gabbia** – der Käfig
12 **appeso** (von: appendere) – aufgehängt
13 **spalancare** – aufreißen
14 **la gradinata** – die Freitreppe

Das Castel dell'Ovo ist eine Festung in Neapel, die auf das 1. Jh. zurückgeht.

Nessuno pensa alla merenda o a **fare dispetti**[15] ai compagni, sono tutti presi dalla **caccia al tesoro**[16]. Guardano persino nella **bocca dei cannoni** in cima alle terrazze del castello.

Dopo un'ora di gioco e di esplorazione, le maestre cercano di riportare all'ordine i bambini: "È tardi, dobbiamo andare!".

"Uffa! Ma non abbiamo ancora trovato l'uovo!", Caterina è davvero **delusa**[17].

"Mi sembra una buona notizia, invece", dice la maestra Annarita. "L'uovo magico deve essere nascosto bene per portare fortuna!".

"Uno, due, tre, quattro... e ventitré! Ventitré?".

"Patrizia, che succede?", chiede Annarita preoccupata.

"Ne manca uno. Uno, due, tre, quattro...".

"Bambini, **facciamo l'appello**[18]".

"Cinque, sei, sette, otto...".

"Patrizia, manca Eduardo!".

"...ventitré! **Accidenti**[19], **dove sarà finito**[20]?".

Nella confusione generale, Margherita grida: "Maestra! Eccolo lì!".

Nascosto dietro un arco, Eduardo mangia il suo panino. Quando si sente osservato, esclama: "Maestra, non è colpa mia, la mia pancia **borbotta**[21]!".

15 **fare un dispetto** – einen (bösen) Streich spielen
16 **la caccia al tesoro** – die Schatzsuche
17 **deluso** (Adj.) – enttäuscht
18 **fare l'appello** – verlesen
19 **accidenti!** – Verflixt nochmal!
20 **dove sarà finito** – (hier:) wo wird er wohl stecken?
21 **borbottare** – (hier:) knurren

la bocca di cannone

die Kanonenmündung

12 UN FESTIVAL DA SOGNO

"Ciao ragazze! Che bello rivedervi!", Piera abbraccia Silvana e Tina.
Le tre donne si sono incontrate **per caso**[1] sulla piazza del paese.
"Ciao Piera! Come sei **raggiante**[2]!", dice una delle amiche.
"Sì, sono in partenza!", risponde Piera.
"E dove vai?", chiede l'altra.
"Realizzo il mio sogno: vado al Festival di Sanremo!", dice Piera.
Le amiche sono **incredule**[3] ed eccitate come lei, si congratulano e le fanno tante domande, così Piera spiega:
"Per il compleanno mio figlio mi ha regalato il biglietto per la **prima serata**[4] del Festival al **Teatro Ariston**. Si è trasferito da poco a Sanremo per lavoro e mi ospita per qualche giorno.

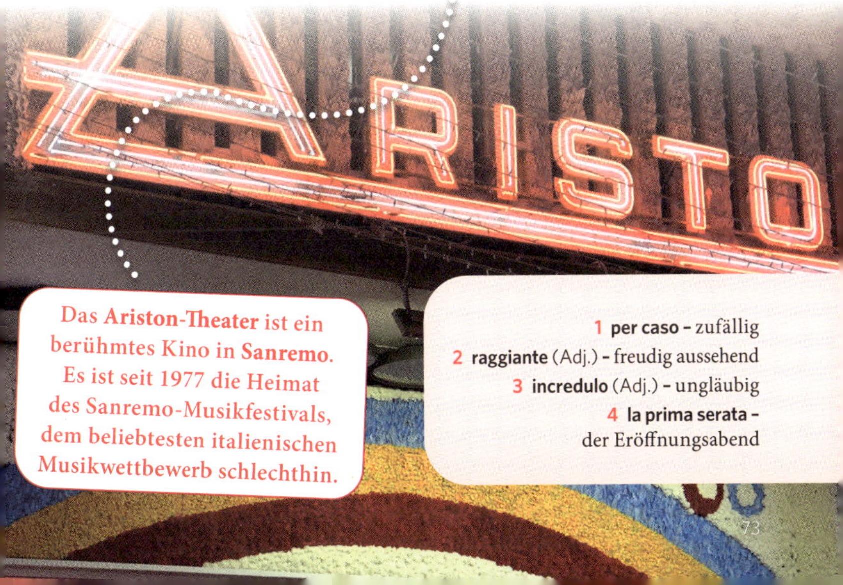

Das **Ariston-Theater** ist ein berühmtes Kino in **Sanremo**. Es ist seit 1977 die Heimat des Sanremo-Musikfestivals, dem beliebtesten italienischen Musikwettbewerb schlechthin.

1 **per caso** – zufällig
2 **raggiante** (Adj.) – freudig aussehend
3 **incredulo** (Adj.) – ungläubig
4 **la prima serata** – der Eröffnungsabend

Sono felice come una ragazzina. Ma ci pensate? Entrare nel teatro dove si sono esibiti i più famosi cantanti italiani... che emozione!".

"E poi in quell'atmosfera elegante...", dice Silvana.

"Hai un **vestito da sera**?", chiede subito Tina.

"Ma certo! La sarta mi **ha fatto un abito su misura**[5]! Oggi pomeriggio lo vado a ritirare", risponde Piera. "È rosso, con uno **strascico**. L'abito che ho sempre sognato!".

"Ed è l'occasione giusta per indossarlo! Quando ti **ricapita**[6]?", dice Tina.

"E poi rosso... se ti **inquadrano**[7], ti riconosciamo subito anche dal televisore!", aggiunge Silvana.

"È vero!", dice Piera sempre più eccitata. "Allora non perdete la prima serata in tv! Poi ci sentiamo per telefono! Ora devo andare, la sarta mi aspetta e domani mattina ho il treno".

"Buon divertimento!", la salutano le amiche.

"Grazie ragazze, a presto!", conclude Piera.

In realtà non sono proprio "ragazze", sono amiche dai tempi della scuola e Piera è una bella signora di sessant'anni.

Il giorno dopo Piera arriva a Sanremo, il figlio va a prenderla alla stazione e la porta a fare un giro per la città. Sanremo è proprio come la immaginava: una città luminosa anche in inverno... **incantevole**[8]!

Il figlio accompagna Piera al porto vecchio, uno dei suoi posti preferiti. Qui si trova il Forte di Santa Tecla, un tempo fortezza e poi **prigione**[9], ora sede di mostre e convegni, e poi ci sono le vecchie barche dei pescatori. Ma l'entusiasmo di Piera si accende

Einkaufs- und Kulturmeile in Sanremo

quando si spostano verso l'interno della città e **imboccano**[10] **via Matteotti**, dove c'è il famoso Teatro Ariston e lungo la strada le **targhe**[11] dedicate a tutti i **vincitori**[12] dei Festival. C'è tantissima gente, si sente musica dappertutto e ci sono un sacco di fiori... Sanremo infatti è chiamata anche Città dei Fiori! Piera si guarda attorno, in mezzo a quella folla ci sono molto probabilmente cantanti e vip da tutto il mondo...

"Ma quello è Mike Bongiorno!", grida al figlio, mentre lo porta verso una grande statua dello storico presentatore. "Mi fai una foto?", chiede al figlio. "La voglio mandare alle mie amiche!".

Contenta ed eccitata Piera continua la passeggiata, fino al grande edificio del **Casinò**: enorme e **sfarzoso**! Poi madre e figlio tornano a casa.

"Che giornata meravigliosa!", pensa Piera. "E chissà domani quante sorprese...".

Arriva il gran giorno. Piera è felice di indossare il suo nuovo vestito rosso con lo strascico. Poi, **truccata**[13] e pettinata perfettamente, raggiunge il teatro. Finalmente!

C'è tanta gente per strada e nel teatro l'atmosfera è molto festosa. Sono tutti elegantissimi e ci sono macchine fotografiche e **telecamere**[14] dappertutto.

prächtig

Die Spielbank von Sanremo gibt es seit 1905.

5 fare un abito su misura – ein Kleid nach Maß anfertigen
6 ricapitare – wieder passieren
7 inquadrare – ins Bild nehmen
8 incantevole (Adj.) – bezaubernd
9 la prigione – das Gefängnis
10 imboccare – einbiegen
11 la targa – die Plakette
12 il vincitore – der Gewinner
13 truccato (Adj.) – geschminkt
14 la telecamera – die Fernsehkamera

Quella sera, Silvana e Tina hanno deciso di guardare insieme il Festival di Sanremo in televisione: sperano di vedere la loro fortunata amica.

La **sala** dell'Ariston è **scintillante**[15], poi cala il buio e i riflettori illuminano il **palco**: la prima serata del Festival della musica italiana inizia.

Il **presentatore** ha due **vallette** con abiti meravigliosi, le canzoni dei concorrenti si alternano a interviste a personaggi del mondo del cinema, del teatro e della musica internazionale. A un certo punto il presentatore fa alcune domande al pubblico, scende in **platea** e la telecamera inquadra la gente seduta.

"Ti immagini se Piera...", dice Tina mentre guarda la tv, ma non finisce la frase per la sorpresa.

Nell'**inquadratura**[16] si vede una donna bionda con un abito rosso.

"Oh mio Dio! È Piera!", urla Silvana.

"Sì, è lei!", dice l'altra ancora più forte. "Si alza!".

"Aspetta, il presentatore le va incontro...".

"Non ci posso credere!".

"Guarda quanto è bella!".

"E che vestito... ma guarda...".

"Oh, no...".

"No, no...", urlano quasi all'unisono.

Le due amiche **si coprono**[17] il viso per non guardare.

Nel frattempo, dentro l'Ariston il **tacco** di Piera **rimane incastrato**[18] nel meraviglioso strascico rosso e la povera donna finisce, dopo una specie di **capriola**[19], proprio tra le braccia del presentatore.

Tutto il teatro scoppia in una grande risata.
Il presentatore **fa qualche battuta**[20], poi le telecamere inquadrano i fiori e parte la pubblicità.

Il giorno dopo al telefono: "Ciao, sono qui con Silvana", dice Tina al telefono. "Come stai?".
"Benissimo! Gli autori del Festival hanno detto che il video della mia caduta ha più di centomila visualizzazioni in poche ore! La gag, anche se **involontaria**[21], è piaciuta e mi vogliono tutte le sere nel pubblico per creare dei piccoli momenti **comici**[22]!".
"Non è possibile...".
"Non riesco a crederci neanche io, ma è tutto vero, anzi ora devo chiudere... devo andare in teatro per le prove!".

15 **scintillante** (Adj.) - funkelnd
16 **l'inquadratura** (f.) - der Bildausschnitt
17 **coprirsi** - sich bedecken
18 **rimanere incastrato** - stecken bleiben
19 **la capriola** - der Purzelbaum
20 **fare una battuta** - eine witzige Bemerkung machen
21 **involontario** (Adj.) - unabsichtlich
22 **comico** (Adj.) - lustig

la fede
der Trauring

13 MATRIMONIO A VENEZIA

La mia migliore amica si sposa. Quando me lo dice piango, poi **ridiamo a crepapelle**[1], ci abbracciamo e iniziamo a parlare di tutti i dettagli: il **vestito**, le **fedi**, **velo** sì o velo no, le scarpe. Ogni tema è motivo di **sospiri**[2] e risate **eccitate**[3].

Poi a un certo punto lei diventa seria: "Devo chiederti una cosa. Mi fai da **damigella**[4]?".

Damigella?

Ma sono vecchia! No, non posso... e non voglio stare tutto il giorno al centro dell'attenzione, no, e poi non sono più una ragazzina, sono sposata, ho due figli.

"Certo, che ti faccio da damigella!", le rispondo.

"Voglio solo pochi familiari e qualche caro amico, sarà una cerimonia intima. Voglio un matrimonio essenziale, solo tanto amore nell'aria".

"Mi sembra un sogno, sarà meraviglioso!". Ci lasciamo con le lacrime agli occhi per l'emozione.

Lo penso davvero: sarà stupendo, un giorno da ricordare.

Qualche settimana dopo, accompagno Carlotta a comprare l'abito, forse è il momento più importante: il vestito della sposa **segna**[5] lo stile del matrimonio.

"Ho già visto qualcosa che mi piace molto, lo provo subito, tu chiudi gli occhi!", mi dice. Chiudo gli occhi.

Quando li riapro **non riesco a crederci**[6]: ero preparata a qualcosa di molto semplice (*"cerimonia essenziale, solo tanto* *amore nell'aria...*") e invece non riconosco neanche la faccia della mia amica sotto tutto quel **tulle**.

"Allora, che ne pensi?".

Sono senza parole.

"Che ne penso? Io, veramente... il matrimonio semplice... solo tanto amore nell'aria...", **balbetto**[7].

"Ci sposiamo una volta sola nella vita, no?", **sprizza gioia da tutti i pori**[8].

"Speriamo", sospiro.

1 **ridere a crepapelle** - sich kugeln vor Lachen
2 **il sospiro** - der Seufzer
3 **eccitato** (Adj.) - aufgeregt
4 **la damigella** - die Brautjungfer
5 **segnare** - bezeichnen
6 **non riesco a crederci** - ich kann es nicht glauben
7 **balbettare** - stammeln
8 **sprizzare gioia da tutti i pori** - außer sich sein vor Freude

Da questo momento il matrimonio diventa IL MATRIMONIO. La mia amica ha deciso che Roma è troppo ordinaria, meglio organizzare la cerimonia a Venezia. Cosa c'è di più romantico di Venezia? Arrivo della sposa in gondola, foto a **piazza San Marco** con i **piccioni** in volata, cena sulla laguna al tramonto. Tanto siamo *pochi* intimi. Poi diventiamo rapidamente *tanti* intimi – diciamo un centinaio, forse il doppio.

"Perché sposarsi a Venezia, se nessuno ti vede?", mi chiede. E poi ci sposiamo una volta sola nella vita, no? Speriamo.

La mia amica ha deciso che Roma è troppo ordinaria, meglio organizzare la cerimonia a Venezia. Cosa c'è di più romantico di Venezia?

la meringa

das Baiser

Quando andiamo a scegliere il mio abito, resto a guardarmi allo specchio per un quarto d'ora. Sembro una **meringa**, una meringa blu. Però mi piaccio. Il vestito è simile a quello della sposa, più leggero, ma lungo fino ai piedi. Devo mettere i **tacchi alti**[9] per non **inciampare**[10].

Decido che è un sacrificio che posso fare per essere la damigella della mia migliore amica.

die Taube

il piccione

Die **Piazza San Marco** (Markusplatz) ist der bekannteste Platz Venedigs. Dort stehen auch die Markuskirche mit ihrem berühmten **Campanile** und der Dogenpalast.

Der Platz ist 175 Meter lang und rund 80 Meter breit.

È luglio. Arriviamo a Venezia intorno a mezzogiorno, fa troppo caldo. Lasciamo i bagagli presso il nostro piccolo albergo nel centro storico. Abbiamo un paio d'ore prima della cerimonia e la mia famiglia vuole fare una passeggiata lungo le Fondamenta, per le **calli**[11], tra i ponti sui **canali**.

9 **il tacco alto -** hoher Absatz
10 **inciampare -** stolpern
11 **la calle -** die Gasse (nur in Venedig)

Venezia è davvero unica. Vorrei continuare a camminare per sempre, ma fa talmente caldo che mi gira la testa. E poi mi fanno male i piedi, meglio tornare in albergo.
Mi preparo, ma sono tutta **sudata**[12]: i capelli si incollano al viso e l'eyeliner **si scioglie**[13]. Poi finalmente è il momento della mia meravigliosa "meringa blu". Per fortuna l'insieme non è così male. Metto dei kleenex sotto le **ascelle**[14]: non voglio rovinare il vestito.
Siamo pronti, andiamo.
Accidenti, ho i piedi talmente gonfi che le scarpe non entrano. Le riempio di **borotalco**[15], ma mi fanno troppo male: non posso affrontare così l'intera giornata.
È tardi. Alla fine metto le mie ballerine.
Raggiungiamo gli altri invitati, ogni tanto l'abito finisce sotto le scarpe, devo stare attenta. Aspettiamo la sposa per procedere con il **corteo**[16] in gondola e arrivare in chiesa. Il sole è alto: gli uomini soffrono in giacca e cravatta e le donne sono tutte provviste di **ventaglio**. Tutte, tranne me.

Mentre cerco un po' d'ombra in un vicolo, un piccione mi fa un'enorme cacca sul vestito. Non ci credo: ho il vestito tutto sporco! Mi viene da piangere.

il ventaglio

Lancio un urlo. Mio marito accorre, ha delle salviette in tasca. "Dai, la cacca porta fortuna", mi dice. Vorrei **strozzarlo**[17], ma non ne ho la forza. Riusciamo a pulire il vestito alla meglio proprio mentre la sposa finalmente arriva.

Sono davvero **provata**[18] dal caldo. Cerco di non pensare ai miei piedi gonfi, al sudore, alla cacca di piccione, ora è il momento di accompagnare in gondola la mia migliore amica che si sposa nella splendida laguna di Venezia.

Il gondoliere aiuta il padre della sposa a prendere posto nell'**imbarcazione**, poi Carlotta leggera e agile fa un balzo e si siede accanto a lui. Infine il ragazzo con **cappellino di paglia** e **maglia a righe** mi sorride e mi offre la mano. La prendo, **mi sporgo**[19] e il vestito finisce sotto il mio piede mentre con l'altro vorrei raggiungere anch'io la gondola. Ma no, non la raggiungo.

È un attimo e sono in acqua.
Dai, la cacca porta fortuna.
E sì, che doveva essere un giorno da ricordare!

12 **sudato** (Adj.) - verschwitzt
13 **sciogliersi** - schmelzen
14 **l'ascella** (f.) - die Achselhöhle
15 **il borotalco** - der Körperpuder
16 **il corteo** - der Umzug
17 **strozzare** - erwürgen
18 **provato** (Adj.) - erschöpft
19 **sporgersi** - sich vorbeugen

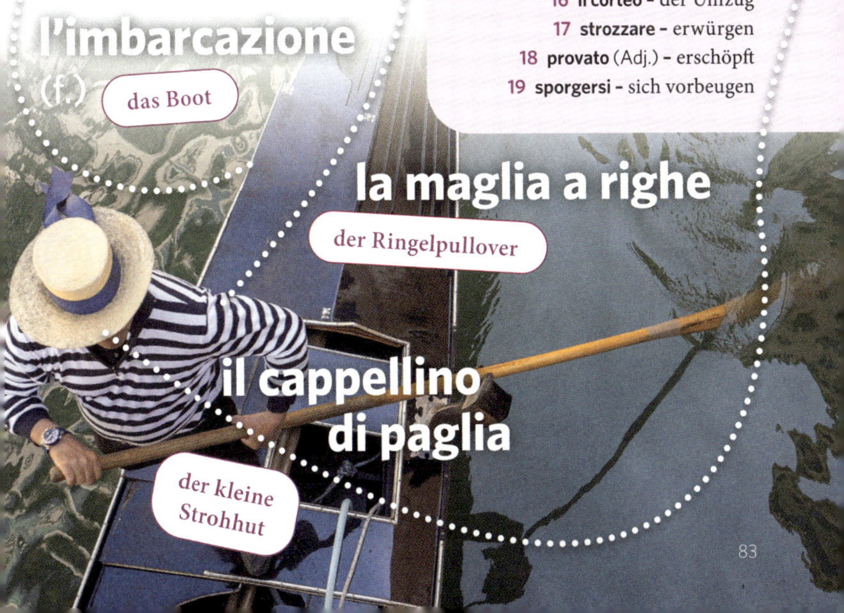

Murano …

… ist eine Inselgruppe im Nordosten Venedigs.

Weltbekannt ist die **Glaskunst** aus Murano, die bis in die Antike zurückgeht.

il vetro

das Glas

Murano besteht aus **7 einzelnen Inseln**, die durch Kanäle getrennt und durch Brücken miteinander verbunden werden.

Millefiori bedeutet **1000 Blumen** und bezeichnet eine spezielle Glassorte, die typisch für Murano ist.

il soffiatore del vetro

der Glasbläser

Burano ...

... liegt ebenfalls in der **Lagune von Venedig** und besteht aus **4 einzelnen Inseln**. Burano ist bekannt für ihre leuchtend bunten Häuser.

Einer Legende nach dienten die kräftigen Farben ihrerzeit dazu, den Fischern bei Nebel oder auch nach dem einen oder anderen Glas zu viel das Erkennen des eigenen Hauses zu erleichtern.

So wie Murano für ihr Glas, ist Burano für ihre **Spitzenstickerei** berühmt. Zwischen dem 16. und dem 18. Jh. lebten viele Fischersfrauen von ihrem Kunsthandwerk.

il merletto – die Spitze

14 IN ESTATE SI LAVORA

In estate preferisco il mare e ho accettato l'invito di Michele, un mio amico siciliano. Lui mi parlava spesso della Sicilia, la terra più a sud d'Europa, dove il sole è più forte e il mare più azzurro. Ho rinunciato così alla solita vacanza in Trentino con la mia famiglia. Michele viveva a Pachino, la città del famoso pomodoro. Potevo soggiornare nella casa sul mare. Un piccolo **casolare**[1], ancora da finire, con il mare davanti, e i campi coltivati dietro. Michele mi diceva che la casa non era ancora completa, ma per me, abituato ai rifugi di montagna, andava benissimo. Non sopportavo più le passeggiate per i boschi e le cime della Val di Fassa. Il fascino del sole e di una casa, anche se non finita, in cui sarei stato tutto solo, dalla mattina alla sera, era fortissimo. Sono partito in aereo la prima domenica di luglio. Sarei rimasto in Sicilia per quindici giorni senza pensare ai **cantieri**[2] e ai progetti. Michele era un bravo ragazzo, con pochi capelli. Quando parlava, a volte, **esagerava**[3]. Ma questa volta volevo fidarmi. Quello era il mio primo viaggio in Sicilia. Sono arrivato nel primo pomeriggio. Dall'aeroporto di Catania ho preso un autobus e dopo cinque ore di viaggio sono arrivato a Pachino. Michele mi aspettava alla fermata del bus. Abbiamo fatto subito un giro per il paese. Il caldo era terribile. Anche la sera l'aria era immobile e le pareti delle case sembravano **termosifoni**[4] accesi. Michele viveva con i genitori. Il padre, un uomo con spalle e gambe solide, indossava una **canottiera**[5], pantaloncini corti e scarponi, perché era appena tornato dal lavoro. La madre, una donna tonda, con i capelli bianchi corti, aveva un vestito a fiori e un grembiule. Potevano avere una

sessantina di anni. Vivevano in una casa su tre piani, con un balcone e dei grandi garage al piano terra, dove c'erano delle macchine agricole. Alle nove in punto eravamo a tavola. Il padre di Michele per la cena si era messo un vestito elegante. La madre continuava ad andare avanti e indietro tra la cucina e la sala da pranzo con vassoi sempre più grandi. Abbiamo bevuto un ottimo vino rosso e mangiato non ricordo più quante pietanze. Dopo qualche portata e molti bicchieri di vino tutto mi girava intorno. Pachino ha una lunga tradizione in fatto di vini. La cena contava circa dodici portate tra **pizze**, **arancini**, caponata, pasta, altra pasta, tonno con cipolla, insalata di pomodori, **sardine**, **cassata**, **sorbetto**, gelato e frutta. Alla fine della cena **a stento**[6] riuscivo a porgere i saluti, dare la mano, oppure scambiare qualche abbraccio e complimento per la mamma di Michele. Il padre di Michele insisteva nel dirmi che l'indomani ci saremmo visti. E anche i giorni seguenti. La cosa mi sembrava del tutto normale. Non avevo dubbi: altre meravigliose cene mi aspettavano. Dopo un altro abbraccio, un inchino e un baciamano per la mamma di Michele sono

1 **il casolare** – das Landhaus
2 **il cantiere** – die Baustelle
3 **esagerare** – übertreiben
4 **il termosifone** – der Heizkörper
5 **la canottiera** – das Unterhemd
6 **a stento** – mit Mühe

uscito di fretta per andare a riposare. La casa dove dormivo era ancora in costruzione, senza **intonaco**[7] sulle pareti esterne e con delle finestre di alluminio. Dentro era rifinita, con il bagno, le mattonelle e tutto il resto. In giardino c'erano dei sacchi di cemento. Davanti si sentiva il rumore del mare. Intorno, tanti alberelli di mandorli e sul retro c'era un grande campo, forse di grano, ma era notte e non vedevo bene. La casa era fresca, **mi addormentai**[8] subito.

La mattina dopo ho capito che il terreno dietro la casa era pieno di grano. Alle cinque e trenta un rumore fortissimo mi svegliava. Dalla finestra vedevo il padre di Michele che mi salutava dall'alto della sua **trebbiatrice**[9]. **Il rumore era troppo forte. Non riuscivo a dormire**, dovevo alzarmi. La sera prima avevo visto un bar, ma a quell'ora era ancora chiuso. Ho aspettato il proprietario e sono stato il primo a fare colazione. Sulla parete accanto alla cassa c'era l'orario degli autobus e dei treni. Alle sette ero già sulla spiaggia. Il mio era

l'unico ombrellone. Michele è arrivato in spiaggia alle dodici. Si era scusato per il **frastuono**[10], ma il grano andava raccolto. La sera ci aspettava l'antica città di Siracusa con il suo duomo costruito su un antico tempio greco. Siamo tornati tardi. Io mi sono buttato sul letto ancora vestito, dopo essermi già addormentato in macchina. Prima di sprofondare nel sonno, ho aperto la finestra per far entrare tutta l'aria fresca della campagna. La mattina dopo, il padre di Michele, alle sei in punto, infilava la testa dentro la finestra e urlava: "Buongiorno architetto!". Io cercavo di coprirmi con il lenzuolo e riprendermi dallo spavento, ma lui continuava a tenere la testa dentro casa e illustrava il programma della mattina: completare i lavori della casa. Era un gesto di **riguardo**[11] per me: un architetto non poteva stare in una casa ancora da completare. Poco dopo i muratori erano in casa con tutti i loro attrezzi sparsi ovunque: un cantiere edile in piena attività. Proprio la cosa da cui scappavo. Anche quella mattina la **saracinesca**[12] del bar era ancora chiusa. Ho aspettato e dopo la colazione guardavo di nuovo gli orari dei bus e dei treni. Alle sette piantavo il mio ombrellone in spiaggia. Quel giorno Michele mi garantiva che avrebbero terminato presto i lavori. Non era vero, il lavoro è continuato senza soste, per tutti gli altri giorni, anche di sabato. In quella prima settimana ho fatto amicizia con il tizio del bar. Mi raccontava che veniva spesso a Roma a trovare la figlia. Lui aveva paura dell'aereo e preferiva

Il treno aveva delle cuccette splendide e ci si dormiva meglio che in albergo.

7 **l'intonaco** (m.) - der Putz
8 **addormentarsi** - einschlafen
9 **la trebbiatrice** - die Dreschmaschine
10 **il frastuono** - das Getöse
11 **il riguardo** - der Respekt
12 **la saracinesca** - der Rollladen

viaggiare in treno. Raccontava che da Siracusa ogni sera partiva un treno diretto per Roma. Il treno aveva delle **cuccette** splendide e ci si dormiva meglio che in albergo. Michele cercava di farsi perdonare e mi ha portato a vedere le città barocche del sud-est: Noto, Modica, Ragusa, Scicli. Era un'ottima guida. Mi raccontava dell'architettura, della storia e delle piazze di queste città. Poi mi **rimpinzava**[13] con pizze di ogni genere. Offriva tutto lui. Io però ero molto stanco. Non riuscivo a riposare. Uscivo da casa alle sei in punto del mattino e tornavo a notte fonda. Una vacanza terribile. Aspettavo la domenica per dormire a lungo. Michele mi garantiva che la domenica non sarebbe venuto nessuno. Sapevo che di lui non potevo **fidarmi**[14], ma sulla domenica non avevo dubbi e già pregustavo la dormita. La domenica, prima dell'alba, ho sentito dei rumori. Mi sono alzato e sono andato a vedere. Dietro la casa c'erano il padre e la madre di Michele con tante altre persone e un grande pentolone. Erano le cinque del mattino. Io volevo dormire e rimanere a letto. Dopo un'ora Michele entrava direttamente nella stanza da letto. Diceva che quello era un gran giorno. Tutta la famiglia voleva mostrarmi una delle tradizioni siciliane più antiche: la **conserva**[15] del pomodoro. Non potevo fare altro che alzarmi e ringraziare. Quella mattina ho imparato a preparare chili e chili di salsa di pomodoro. Michele mi spiegava che l'estate in Sicilia era la stagione dell'anno in cui si lavorava di più. Si raccoglievano il grano e molti altri frutti della terra e si preparavano le conserve per l'inverno. Un rito che impegnava tutta la famiglia fino al tramonto del sole. Durante la prima settimana in Sicilia ho imparato molte cose: soprattutto rinunciare al sonno. Mi alzavo presto e aspettavo i muratori sulla porta, iniziavo a chiacchierare con loro e **davo qualche dritta**[16] sui materiali. Il padre di Michele apprezzava molto. Dopo andavo al bar a

scambiare qualche battuta[17] con il tizio della cassa, poi in spiaggia davanti a un mare pulito e trasparente come una cartolina. Con Michele giravo e osservavo questo pezzo di Sicilia, luminoso e affascinante. Dormivo tre ore per notte e pensavo sempre più spesso al treno che partiva ogni sera da Siracusa. Così alla fine ho preso una decisione. Non sono tornato a Roma in aereo, ma in treno, dentro una cuccetta, dove ho dormito per undici ore di fila: da Siracusa a Roma.

13 **rimpinzare -** vollstopfen
14 **fidarsi di qu -** jdm. trauen
15 **la conserva -** das Einmachen
16 **dare una dritta -** einen Ratschlag geben
17 **scambiare qualche battuta con qu -** mit jdm. einen Plausch halten

15 LA SETTIMANA DELLA MODA

dal blog glamourgirls.com

COSE CHE HO SCOPERTO SULLA SETTIMANA DELLA MODA A MILANO

Pubblicato il 25 febbraio 2020 da GlamourBaby

* Innanzitutto la settimana della moda non inizia di lunedì. Di solito comincia a metà settimana e finisce dopo sette giorni. Il perché non lo so. Quest'anno per esempio è iniziata di martedì ed è finita di lunedì.
* Ci sono due settimane della moda all'anno: a settembre e a febbraio. A settembre si presentano le collezioni per la primavera/estate dell'anno successivo, mentre a febbraio quelle per l'autunno/inverno.

* In Italia, la settimana della moda si tiene a Milano, ma ci sono settimane della moda in tutto il mondo, da New York, a Londra, a Parigi. I veri influencer le frequentano tutte, salgono e scendono dagli aerei come **trottole**[1] e **sfoggiano abiti** e accessori da **decine di migliaia**[2] di euro.

sfoggiare abiti

mit Kleidung protzen

* La maggior parte degli eventi a Milano si svolge nel **Quadrilatero**[3] della moda, che è una piccola porzione di città **delimitata**[4] da quattro vie molto famose per i negozi di lusso che vendono abbigliamento, design e **arredamento**[5]: via Monte Napoleone, **via della Spiga**, via Manzoni e Corso Venezia.

luxuriöse Einkaufsstraße im Zentrum Mailands

1 **la trottola** – der Kreisel
2 **decine di migliaia** – Zehntausende
3 **il quadrilatero** – das Viereck
4 **delimitato** (Adj.) – umgrenzt
5 **l'arredamento** (m.) – die Einrichtung

* Durante la settimana della moda, il Quadrilatero diventa più grande, perché gli **stilisti** organizzano **sfilate** e mostre in tanti luoghi della città. In quei giorni Milano diventa a tutti gli effetti la Capitale della moda.

* Il Quadrilatero della moda si chiama anche Quadrilatero d'**oro**[6]: se entri in uno dei negozi di via Monte Napoleone capisci perché.
Se scendi alla fermata San Babila molto probabilmente ti troverai tra due fotomodelle bellissime e alte un metro e novanta: meglio non **dare appuntamento**[7] a nessuno all'uscita della metropolitana, soprattutto se vuoi **farti notare**[8] per il tuo nuovo **taglio di capelli**[9].

* Durante la settimana della moda, la città si riempie di personaggi legati alla moda, ma anche al mondo del cinema, della musica, della televisione e dei social network. Io ho visto, nell'ordine: Chiara Ferragni su tacchi altissimi correre sul famoso **pavé** di Milano; Monica Bellucci scendere da un taxi vicino piazza Duomo e aspettare i fotografi in ritardo; una presentatrice tv molto famosa cadere sui **binari** del **tram** davanti alla **Scala**;

Mailänder Schloss aus dem 15. Jh. an der **Piazza Castello** im Nordwesten der Altstadt, das heute verschiedene Museen und Sammlungen beherbergt.

Eros Ramazzotti con gli occhiali scuri davanti al **Castello Sforzesco fingere**[10] di non vedere i paparazzi.

* Durante la settimana della moda non si dorme: di giorno ci sono le sfilate, gli eventi e le presentazioni, di sera si va sui **Navigli**, una zona molto suggestiva di Milano, dove tra i canali si trovano tantissimi locali alla moda e le pubbliche relazioni sono importanti quanto i trend e i vestiti.

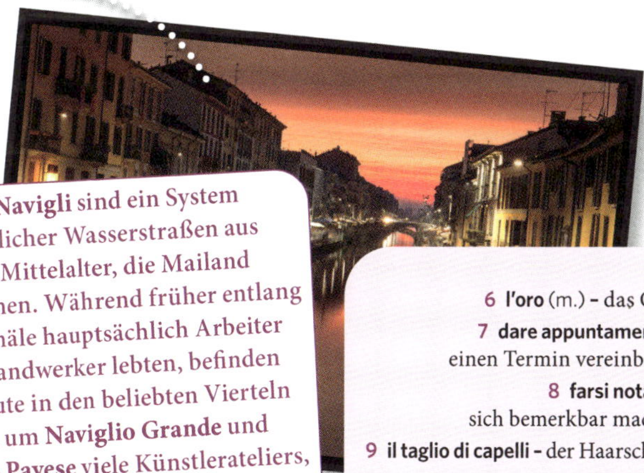

Die **Navigli** sind ein System künstlicher Wasserstraßen aus dem Mittelalter, die Mailand durchziehen. Während früher entlang der Kanäle hauptsächlich Arbeiter und Handwerker lebten, befinden sich heute in den beliebten Vierteln rund um **Naviglio Grande** und **Naviglio Pavese** viele Künstlerateliers, kleine Geschäfte und originelle Kneipen. Hier spielt sich das Nachtleben der Stadt ab.

6 **l'oro** (m.) – das Gold
7 **dare appuntamento** – einen Termin vereinbaren
8 **farsi notare** – sich bemerkbar machen
9 **il taglio di capelli** – der Haarschnitt
10 **fingere** – so tun, als ob

* Durante la settimana della moda gli **addetti del settore**[11] lavorano, mentre tutti gli altri cercano un minuto di **notorietà**[12]: Milano è piena di fotografi e i siti di streetstyle sono i più visitati.
* **L'abito non fa il monaco**[13], ma non durante la settimana della moda. L'abbigliamento deve essere **appariscente**[14], ma non troppo, per evitare di sembrare dei pazzi usciti dal **manicomio**[15].
* Per le strade si vede di tutto, come gente in ciabatte e costume da bagno (magari con una **pelliccia ecologica**[16] sulle spalle). Fa ancora freddo, ma la primavera non è lontana. Se c'è una cosa che ho capito sulla moda è che devi essere sempre in anticipo, anche a rischio di **congelare**[17].
* Ma la vera scoperta sulla settimana della moda è che non è importante quali scarpe indossi, ma avere con te **cerotti** e sali per un **pediluvio** a fine giornata.

Per le strade si vede di tutto, come gente in ciabatte e costume da bagno [...]. Se c'è una cosa che ho scoperto sulla moda è che devi essere sempre in anticipo, anche a rischio di congelare.

das Fußbad

il cerotto

das Pflaster

11 **l'addetto** (m.) **del settore** – der Fachinteressent
12 **la notorietà** – die Berühmtheit
13 **l'abito** (m.) **non fa il monaco** – die Kutte macht noch keinen Mönch
14 **appariscente** (Adj.) – auffällig
15 **il manicomio** – das Irrenhaus
16 **la pelliccia ecologica** – der Kunstpelz
17 **congelare** – einfrieren

Die Galleria Vittorio Emanuele II

Die **Galleria Vittorio Emanuele II** ist eine Einkaufsgalerie aus dem 19. Jh. Sie liegt direkt neben dem Mailänder Dom, an der **Piazza del Duomo**, zu der sie sich mit einem Triumphbogen öffnet. In ihr befinden sich hochpreisige Geschäfte sowie ein Luxushotel.

l'arco di trionfo (m.)

der Triumphbogen

la cupola di vetro

die Glaskuppel

Die Bodenmosaiken zeigen die Wappen der Städte Rom, Florenz, Turin und Mailand.

Das prachtvoll mit Marmor, Stuck und Fresken dekorierte Gebäude wurde 1864 vom Architekten **Giuseppe Mengoni** entworfen. In der Mitte der Galerie befindet sich ein achteckiger Platz, über dem sich eine riesige Glaskuppel mit **47 Metern** Höhe erstreckt.

16 LA TRANSUMANZA

"Ti va di **fare il pastore** per due giorni?".
La mia risposta è inutile. Davide è fatto così, prima organizza e solo dopo ti chiede se sei d'accordo.
"No! Non voglio fare il pastore!".
"Partiamo venerdì mattina...".
"No!".
Davide è mio marito, ha una passione per la **montagna** e non ama il mare.
Io mi chiamo Anna, adoro il sole, le spiagge e gli **ombrelloni**.

"Va bene", rispondo. "Dove andiamo?".

"In **Abruzzo**! A fare la transumanza".

Era dai tempi della scuola che non sentivo più quella parola.

Fare la transumanza vuol dire spostare le **pecore** lungo delle larghe vie che si chiamano **tratturi**[1]. Alcuni di questi sentieri sono lunghi oltre 200 chilometri e **collegano**[2] l'Aquila, il **capoluogo**[3] dell'Abruzzo, a **Foggia**, una grande città della Puglia.

La transumanza è un viaggio che si fa in due periodi dell'anno: in autunno verso sud, per **sfuggire**[4] al freddo in cerca di pascoli verdi, e poi all'inizio dell'estate di nuovo verso la montagna dove si trova l'**erba** fresca.

1 **il tratturo** – die Trift (von Nutzvieh benutzter Pfad)
2 **collegare** – verbinden
3 **il capoluogo** – die Hauptstadt
4 **sfuggire** – entkommen

als Hirte arbeiten

A scuola, quando ero piccola, recitavo una poesia sulla transumanza. Tutti gli alunni delle scuole italiane la studiano, sono versi di Gabriele D'Annunzio. La poesia inizia così: "Settembre andiamo, è tempo di **migrare**[5]...".
Oggi alcune agenzie organizzano questo viaggio anche per i turisti: segui un gruppo di pastori, **mungi**[6] le pecore, cammini per chilometri e dormi in piccoli paesi.

Quando arriviamo in Abruzzo io e Davide troviamo circa duecento pecore, cinque cani enormi e tre signori con berretto, **stivali** e un **bastone** in mano.

Insieme a noi c'è un'altra coppia. Lui, Antonio, con al collo tre macchine fotografiche e uno zaino pieno di obiettivi e **cavalletti**[7]. Lei, Maria, la sua fidanzata, con un grande paio di occhiali da sole neri e un'aria **spaventata**[8].
Il capo dei pastori si chiama Marcello, è alto e grasso, e ha una lunga barba. Prende una mappa, indica un sentiero e dice: "Domani si parte alle cinque!". Poi saluta tutti e va a dormire con i suoi cani.
Davide e Antonio discutono di macchine fotografiche, mentre io parlo con Maria, che all'improvviso mi dice con un'aria tutta seria: "Fai attenzione... L'Abruzzo è **pieno**[9] di **lupi**!".

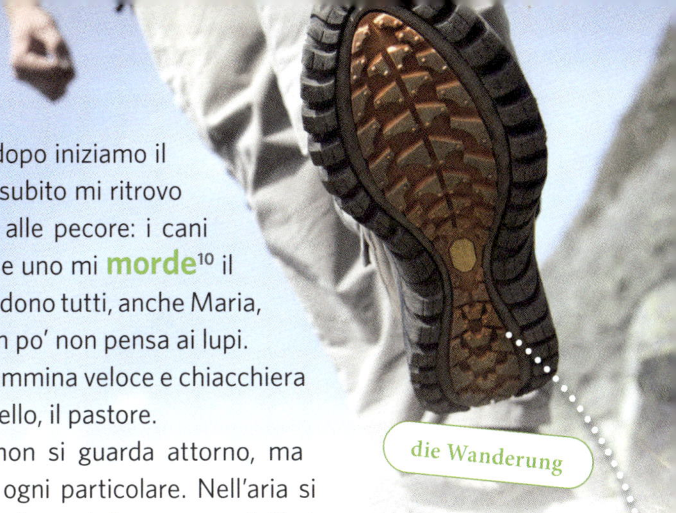

Il giorno dopo iniziamo il viaggio e subito mi ritrovo in mezzo alle pecore: i cani abbaiano e uno mi **morde**[10] il sedere. Ridono tutti, anche Maria, che per un po' non pensa ai lupi. Davide cammina veloce e chiacchiera con Marcello, il pastore.
Antonio non si guarda attorno, ma fotografa ogni particolare. Nell'aria si sente il profumo delle pecore e dell'erba.
Maria mi racconta della scuola dove insegna a Torino e poi si guarda intorno e mi dice: "Fai attenzione... L'Abruzzo è pieno di **orsi**!".
Per la sera il programma **prevede**[11] una pausa in uno dei paesi lungo il cammino, siamo a circa 850 metri di altezza. È giugno, l'inizio dell'estate, ma fa freddo. Si mangia tutti insieme e si beve molto per riscaldarsi.

la camminata – die Wanderung

l'orso (m.) – der Bär

Il giorno dopo la **camminata** è ancora più faticosa. Saliamo verso il pascolo. A un certo punto in mezzo alla strada troviamo un cane grigio e **spelacchiato**[12]. Gli altri iniziano a **ringhiare**[13], Antonio a fotografare, Maria a urlare.

5 **migrare** – wandern
6 **mungere** – melken
7 **il cavalletto** – das Stativ
8 **spaventato** (Adj.) – erschrocken
9 **pieno** (Adj.) – voll
10 **mordere** – beißen
11 **prevedere** – voraussehen
12 **spelacchiato** (Adj.) – (hier:) zerlumpt
13 **ringhiare** – knurren

Marcello il pastore **si avvicina**[14] e gli dà qualcosa da mangiare. Più tardi racconta: "È un vecchio lupo, quasi senza denti, si chiama Salvatore, ci aspetta sempre per qualche pezzo di formaggio".

Il lupo fa con noi l'ultimo pezzo di strada. Maria continua a ripetere: "lupo... lupo, lupo!", mentre indica Salvatore.

Maria continua a ripetere: "lupo... lupo, lupo!".

Prima del tramonto arriviamo finalmente al pascolo, una piccola valle verde in mezzo a un paio di montagne. La sera, dopo cena, guardiamo le stelle. Sono tantissime. Quando vivi in città non lo sai che il cielo è così bello.

La transumanza è finita. Domani, domenica, ci **riportano**[15] in macchina fino alla base di partenza e poi torniamo a casa. Chiedo a Davide: "Ti va di andare al mare domani?".

In Abruzzo non ci sono solo le montagne, c'è anche il mare, così posso fare una cosa che mi piace.

"D'accordo!", risponde lui. "Domani togliamo le scarpe da trekking e mettiamo il costume!".
Decido di invitare anche Maria. Antonio troverà sicuramente dei **soggetti**[16] interessanti da fotografare in spiaggia.
Ma lei ringrazia, **declina**[17] l'invito e poi mi dice:
"Fai attenzione... l'Adriatico è pieno di **meduse**!".

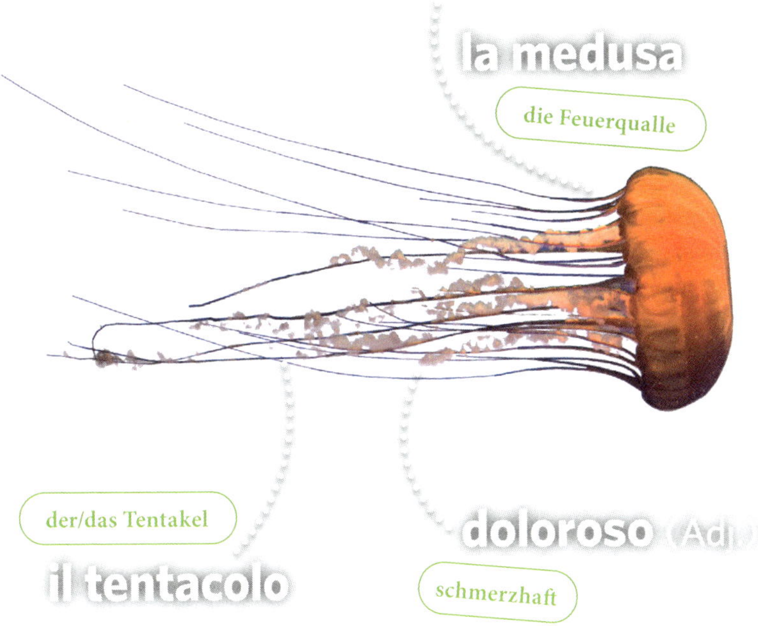

14 **avvicinarsi** - näher treten
15 **riportare** - zurückbringen
16 **il soggetto** - (hier:) der Gegenstand
17 **declinare** - ablehnen

17 BAGNO DI MEZZANOTTE

"Mamma, mi presti la macchina sabato sera? C'è il **falò**[1] di fine estate".

"Il falò? E dove?".

"Al **lido** di **Cesenatico**...".

"Roberto, hai la **patente**[2] da venti giorni! Da Cesena è quasi mezz'ora di macchina!".

"Dai, mamma! È un attimo! E poi ci vado con Gloria...".

"No, ti accompagno io".

"Ma nessuno va al falò di fine estate con la mamma!".

"Non ti preoccupare: non resto con te! Vado via e poi torno a prenderti".

"Ma non capisci? Così faccio una **figuraccia**[3]!".

"Aspetta! C'è anche un'altra possibilità: non ci vai!".
"E infatti preferisco restare a casa!".

"Papà, per favore, mi presti la macchina?".
"Quando?".
"Sabato sera... C'è il falò di fine estate e io voglio andarci con Gloria."
"Tua madre che cosa dice?".
Roberto mugugna.
"Se mamma non vuole...", dice il padre.
"In realtà la mamma vuole, ma è **gelosa**[4] di Gloria...".
"Ma no... Lo sai che non è vero!".
"E invece sì. È vero! Vuole accompagnarmi!".
"È una **sciocchezza**[5]. La mamma ha solo paura. La strada è pericolosa e tu hai la patente da poco".
"Ma io sono responsabile!".
"Certo, lo sei. Però lei è più tranquilla se...".
"Se mi accompagna lei, io non ci vado!".
"Allora sei uno sciocco!".
"Ma **mi vergogno**[6]...".

1 **il falò** - das (Lager)Feuer
2 **la patente** - der Führerschein
3 **la figuraccia** - die Blamage
4 **geloso** (Adj.) - eifersüchtig
5 **la sciocchezza** - die Dummheit
6 **vergognarsi** - sich schämen

"Sbagli. Non c'è niente di male...".
"Invece sì! Se vado al falò con la mamma, **mi prendono in giro**[7] da sabato sera fino all'università!".
"Va bene, parlo io con la mamma".

La sera del falò, Roberto passa da casa di Gloria. La sua ragazza sale in macchina e lo bacia.
È una sera di fine estate, serve un maglioncino leggero sulle spalle, ma la scuola è ancora abbastanza lontana. I ragazzi sono **spensierati**[8] e felici.
Comprano qualche birra e dei panini, poi prendono la **statale** verso il mare.

Accendono la musica ad alto volume, Gloria canta a squarciagola, Roberto è alla guida, concentrato, ma ogni tanto guarda la sua ragazza e si innamora un po' di più. È tutto perfetto.

Accendono la musica ad alto volume, Gloria canta **a squarciagola**[9], Roberto è alla guida, concentrato, ma ogni tanto guarda la sua ragazza e si innamora un po' di più.
È tutto perfetto.
La strada è dritta e a un certo punto, in fondo, si **intravede**[10] il mare.

I ragazzi raggiungono i loro amici in **spiaggia**[11].
È buio, ci sono tante **stelle**[12], qualcuno **suona la chitarra**.
È una serata meravigliosa.
Si canta attorno al falò, poi qualcuno ha un'idea: il bagno di mezzanotte.
C'è euforia, il mare di notte è eccitante, anche Roberto e Gloria fanno il bagno.
È proprio una notte indimenticabile.

7 **prendere in giro qu** - sich über jmdn. lustig machen
8 **spensierato** (Adj.) - sorgenfrei
9 **a squarciagola** - aus voller Kehle
10 **intravedere** - erblicken
11 **la spiaggia** - der Strand
12 **la stella** - der Stern

Intanto[13] a casa...
"Non sono gelosa!", dice la moglie.
"Va bene, non sei gelosa. Comunque sono contento per Roberto di questa serata. In fondo è un bravo ragazzo, non possiamo **lamentarci**[14]... E poi i ragazzi si divertono tra loro, non possiamo **immischiarci**[15]".
"Non mi immischio. Ho solo paura per la strada. Roberto ha la patente...".
"Solo da un mese, lo sappiamo!".
"Venti giorni!".
"Ma ha bisogno di esperienza! E se tu **impedisci**[16]...".
"Non impedisco proprio niente! Infatti stasera è in spiaggia per il suo falò. Ora basta! Non ne voglio più parlare".
"Va bene, va bene... non arrabbiarti...".

Verso mezzanotte i genitori hanno sonno, ma Roberto non è ancora tornato. Guardano la tv, poi si addormentano sul divano. Quando squilla il telefono, si svegliano di colpo. Sono le due.
"Pronto?".
"Papà... scusa...".
"Che succede, Roberto?".
"Niente, papà, è che...".
"Stai bene?".
"Sì, sì... Ho solo...".
"Roberto che succede?", la mamma prende il telefono dalle mani del marito.
"Niente di grave, mamma... Mi passi papà?".

"Roberto, sono le due, mi dici cosa succede?".
"Mamma, puoi **venire a prendermi**[17]?".
"Che cosa?".
"Mi vieni a prendere?".
"Roberto, ma scherzi?", la madre è **incredula**[18].
Il figlio tace al telefono.
"Così adesso non è più una figuraccia?", chiede lei.
"Dai, mamma...".
"Ma la macchina? Dov'è?".
"È qui! Solo che... forse... non so... non trovo più le chiavi della macchina....".
"Non ci credo...".
"In realtà non trovo neanche i pantaloni...".
"Sei **nudo**[19]?", chiede la mamma allarmata.
"No, mamma, non completamente... Sai, il bagno di mezzanotte...".
"Non voglio sapere altro".
La mamma chiude la telefonata e poi si rivolge al marito: "Questi ragazzi hanno una strana idea delle figuracce...".

13 **intanto** (Adv.) - inzwischen
14 **lamentarsi** - klagen
15 **immischiarsi** - sich einmischen
16 **impedire** - behindern
17 **venire a prendere** - abholen
18 **incredulo** (Adj.) - ungläubig
19 **nudo** (Adj.) - nackt

Cesenatico …

… ist eine Stadt an der Adria, die besonders im Sommer viele Touristen anzieht. Hier findet man alles, was man für einen gelungenen Strandurlaub braucht: lange Strände, Hotels … und Eisdielen!

Etwa 20 Kilometer weiter südlich liegt **Rimini**, ebenfalls bekannt für seinen Strand und vor allem in den 1950er Jahren das Sehnsuchtsziel schlechthin für deutsche Italienurlauber*innen.

Besonders schön ist der **Porto Canale Leonardesco**, ein Kanalhafen, der von Leonardo da Vinci geplant worden sein soll. Er teilt die Stadt in zwei Zonen: Ponente im Norden und Levante im Süden. Im Hafen kann man einige sehr schöne Museumsschiffe bewundern.

In Deutschland eher unüblich, aber in Italien ein ganz gewohntes Bild: die Strandkabine – **la cabina**. Sehr praktisch, denn hier kann man sich ganz ohne störende Blicke an- und ausziehen!

18 IL BALCONE DEL DIAVOLO

Giuseppe Fumarola, detto Peppino, fa il muratore. I suoi genitori si chiamano Oronzo e Coltura e sono nati, vissuti e morti nel paese di Parabita in provincia di Lecce.
Peppino ha sposato Marietta da pochi mesi, di cui è innamorato come un ragazzino. Ragazzino lo è, a dire la verità, ha poco più di vent'anni, anche se lavora da dieci e ha la pelle indurita dalla fatica. La mattina, col suo sorriso aperto e fiducioso, esce prima dell'alba e monta sul camion di Vincenzo, il capomastro. **Dà una pacca**[1] sulla spalla a Mimino, il suo grande amico, compagno di classe alle elementari e alle medie, ma soprattutto compagno di avventure: insieme **marinavano la scuola**[2] spesso e volentieri. E poi Mimino era il suo **testimone di nozze**[3]. Ogni giorno lavorano gomito a gomito tra polvere e **calcinacci**, si raccontano tutto, soprattutto le fesserie, perché le cose serie le capiscono senza dirsele.
Peppino smonta alle due, il camion lo riporta a casa. Si fa una doccia e subito a mangiare. Marietta gli fa trovare sulla tavola ogni ben di Dio e dopo il caffè se lo porta in camera da letto.
La Domenica vanno a comprare le paste vicino alla Cattedrale e poi a pranzo dalla famiglia di lei. A Peppino piace il suo tran tran, non desidera altro. Stamattina il camion è arrivato in ritardo e lui ha aspettato qualche minuto all'angolo della strada. **Spira**[4] Scirocco, anche così presto il caldo umido di fine estate si fa sentire.

Arrivati al cantiere, all'angolo di Via Bettolo, trovano una brutta sorpresa: il balcone costruito il giorno prima è crollato. Vincenzo, il capomastro, inizia a **bestemmiare**[5], cose di questo genere possono diventare disgrazie: metti che passava qualcuno durante la notte!
Peppino ci pensa e ci ripensa: cosa può essere andato storto? È sicuro di aver fatto tutto per bene. Certo è un lavoro difficile: un balcone ad angolo di grandi dimensioni, ma niente che non abbia già fatto mille volte.
Decide di mettersi d'impegno a ricostruire tutto entro la giornata, nonostante **l'afa**[6], nonostante la rabbia. Mimino lo aiuta e tutti e due faticano e sudano, ma Peppino non alza la testa finché non comincia a sentire fame. Immagina la tavola di Marietta che non delude mai. Dà l'ultimo ritocco e, soddisfatto del risultato, si unisce al resto degli operai per tornare a casa.
Marietta si è proprio superata: fagioli con le cozze e pane fritto. Poi una bella macedonia e una sottoveste nera per dessert. Peppino non riesce a dirlo a parole, ma la testa gli gira per la felicità.
La sera arriva presto, fanno una camminata insieme al tramonto, un aperitivo con gli amici di sempre e poi passano dalla pescheria. Prima di scendere dalla macchina Peppino lancia uno sguardo alle gambe dorate di Marietta e si sente l'uomo più fortunato del mondo. Poi compra mezzo chilo di sgombri: "Domani fammeli all'aceto, come li sai fare tu, amore mio!". La notte è breve per Peppino, eccolo di nuovo in strada ad aspettare il capomastro. Non ci vuole molto per arrivare al cantiere e quello che si trovano di fronte lascia tutti **ammutoliti**[7]: il balcone è crollato di nuovo.

1 **dare una pacca a qu** – jdm. einem freundlichen Schlag geben
2 **marinare la scuola** – blaumachen
3 **il testimone di nozze** – der Trauzeuge
4 **spirare** – blasen
5 **bestemmiare** – fluchen
6 **l'afa** (f.) – die Schwüle
7 **ammutolire** – die Sprache verlieren

Questa volta le bestemmie di Vincenzo sono rivolte a Peppino e Mimino che hanno fatto il lavoro. E l'hanno fatto male.

Peppino è orgoglioso, accusa il colpo, si carica in spalla un sacco di cemento e sale sull'**impalcatura**. Non parla con nessuno. Mimino invece che è più nervoso, risponde e alza la voce, ma Vincenzo lo **zittisce**[8] subito: "Al lavoro!".

La mattina trascorre tesa e silenziosa, e alle due il balcone è di nuovo in perfetto stato.

Peppino non ci vuole più pensare, non vede l'ora di tornare a casa, da Marietta, dagli sgombri all'aceto. Basta scendere da quel camion infangato per sentirsi più leggeri.

Entrando in casa sente un odore delizioso, Marietta gli ha preparato pure i "cornoletti", i peperoni verdi, lunghi e sottili, fritti, che ragazza eccezionale! E magari gli ha fatto pure due bruschette. Conoscendola gliele ha preparate di sicuro, magari con un'alice sott'olio in mezzo ai pomodori.

E infatti tutti i cattivi pensieri se ne vanno davanti alla tavola di Marietta, la coppia mangia in allegria e poi si ritira in camera da letto, più brilla e raggiante del solito. Dopo **si appisolano**[9].

Peppino si sveglia all'improvviso, sta sudando freddo, ha la bocca secca, si sente mancare. "Devono essere stati i peperoni, accidenti! Poi questo scirocco che non dà tregua, per la miseria". Si alza a fatica, non riesce a scacciare le immagini spaventose del sogno. Si chiude in bagno e **si sciacqua la faccia**[10].

Continua a sudare e risente la voce del sogno, il Diavolo che gli ordina di scolpire il proprio volto sul balcone, se vuole che non crolli nuovamente.
"Non è possibile, certamente sono stati i peperoni! Me li sento ancora sullo stomaco!". Torna in camera, anche Marietta si è svegliata e capisce che c'è qualcosa che non va. "Non è niente, usciamo, andiamo a prendere un po' d'aria al mare, vieni".
Peppino è un ragazzo gioioso, ma oggi non riesce a non sentire l'**angoscia**[11] che gli ha lasciato il sogno.
La notte dorme male e la sveglia arriva come un sollievo. "Di sicuro il balcone è al suo posto, sicuro", pensa cercando di farsi coraggio.
Il balcone invece è a pezzi, ai piedi del grande uscio patronale, anche stamattina. Il capomastro neanche bestemmia più. Sono tutti senza parole.
Peppino vorrebbe piangere, invece tira un sospiro lungo, abbassa la testa e si mette al lavoro. Nessuno **osa**[12] distoglierlo, nessuno fa domande.
Poco a poco la struttura riprende forma. Peppino lavora sull'impalcatura, e più lavora e più si tranquillizza. Dai piedi del palazzo tutti ammirano senza parlare: fra gli archi del balcone emerge un volto di Diavolo.
"Questa volta non cadrà", dice Peppino con decisione.
Il vento è cambiato, anche se sono le due e il sole spacca le pietre, il maestrale calma la calura e accompagna gli operai ognuno a casa propria.
Sulla strada di ritorno, Peppino è sereno. Sa che il balcone questa volta non crollerà, certe cose si sanno: bisogna sempre prestare ascolto ai sogni e alla pancia.

8 **zittire qu** – jdn. zum Schweigen bringen
9 **appisolarsi** – einnicken
10 **sciacquarsi la faccia** – sich das Gesicht waschen
11 **l'angoscia** (f.) – das Angstgefühl
12 **osare** – wagen

19 QUANDO CALA[1] IL VENTO

Palau, 23 marzo 2017 – biglietto sul tavolo della cucina

Diego, vado via per qualche giorno, non cercarmi.
Dobbiamo pensare. E io ho bisogno di tempo.
Non so più che cosa voglio.
Mi dispiace. Lara

23 marzo, ore 02.16 – sms

Torna, torna. La mia vita non ha senso senza di te.
Ti chiedo perdono. Perdonami. Perdonami.
D.

24 marzo, ore 17.34 - mail

Da stamattina sono su questa terrazza. **Mi sposto**[2] mentre passano le ore per non perdere un solo raggio di sole. Di calore.
Guardo il mare. Tu sei dall'altra parte e mi stai cercando.
Lo so.
So tutto di te. So cosa pensi quando osservi qualcosa in silenzio. Conosco le **impronte**[3], sempre uguali, che hai sul viso la mattina appena sveglio.
So che la vostra **storiella**[4] non è iniziata ieri. So che non la ami, so che è stata una **debolezza**[5], so che vuoi me.
Ma non basta. Non mi basta più.
Scrivo con fatica, da ore ho davanti questo computer, **digito**[6] qualche carattere e poi cancello.
Contemplo[7] questa luce che **ferisce**[8] la superficie dell'acqua prima di morire. Mi chiedo perché. Eravamo felici.
Possiamo esserlo ancora?
So che non hai risposte.
L.

1 **calare** - abflauen
2 **spostarsi** - rücken
3 **l'impronta** (f.) - der Abdruck
4 **la storiella** - das Verhältnis
5 **la debolezza** - die Schwäche
6 **digitare** - eintippen
7 **contemplare** - betrachten
8 **ferire** - verletzen

24 marzo, ore 20.32 - mail

No, no, è tutto sbagliato.
Dimmi[9] dove sei. Vengo a prenderti. Parliamo.
Devo spiegarti. Ho **un mucchio**[10] di risposte da darti.
D.

24 marzo, ore 20.47 - sms

Dove sei?
Ho bisogno di te.
D.

24 marzo, ore 22.58 - sms

Impazzisco[11]. Lo capisci?
Dimmi dove sei.
Sei alla Maddalena?
D.

25 marzo, ore 01.11 - sms

Tu impazzisci? Tu!?!
Dormi e **lasciami in pace**[12]!
L.

25 marzo, ore 04.47 - mail

Non ti lascio in pace.
Non mi dai la possibilità di spiegare. Tu sai tutto, dici che sai tutto. Tu non sai niente. Non hai idea di come sto quando non rispondi, quando **fingi**[13] di dormire, quando ti giri dall'altra parte, quando resti in silenzio, quando fuggi via, come adesso. Sì, impazzisco.
Impazzisco perché voglio guardarti in faccia e gridarti quanto sei importante per me. Tu sei tutti i miei giorni futuri. Voglio abbracciarti e sapere che sei ancora mia. Altrimenti niente ha più senso.
Sono stato un idiota, ho giocato, ho sbagliato, è vero. Ma io amo solo te. Solo te. Mi devi credere. Devi darmi una possibilità.
Dimmi dove sei, vengo a prenderti - anche **a nuoto**[14] - per riportarti a casa, la nostra casa, ma dimmi dove sei.
Ti prego.
D.

9 **dimmi -** sag mir
10 **un mucchio -** eine Menge
11 **impazzire -** verrückt werden
12 **lasciami in pace -** lass mich in Ruhe
13 **fingere -** vortäuschen
14 **a nuoto -** schwimmend

le lenzuola (immer Pl.)

die Bettwäsche

Inselgruppe vor Sardinen

Strand auf Maddalena

25 marzo, ore 10.27 – mail

Vorrei credere ancora in te.
Vorrei solo **abbandonarmi**[15] a te, ritrovare quello che eravamo, ma il vento mi tiene qui.

Sì, sono alla **Maddalena**. Sono venuta a **Punta Tegge**, dalla signora Barbara. Mi ha dato la nostra stanza.
C'è ancora l'impronta della tua ciabatta sul muro, di quella notte di **zanzare**[16].
Le **lenzuola** bianche, il **cotto** per terra.
È tutto come sempre.
Spalanco le finestre anche se è freddo. Lascio entrare questo **maestrale** prepotente. Arriva il mare fin dentro le **narici**. È quello che mi fa piangere: non riuscire a fuggire dai nostri odori.
Non posso tornare. Non ci sono navi finché non cala il vento. Non c'è modo di tornare.
Il mare ci divide.
Il mare tiene ancora insieme la mia piccola isola e la tua isola grande.
L.

der Mistral

die Tonfliese

la narice

das Nasenloch

il molo

25 marzo, ore 12.56 - sms

Sono qui, sul **molo**, a prendere **schiaffi**[17] dal maestrale.
Me li merito. Prendo la prima nave. Aspettami.
D.

25 marzo, ore 17.13 - sms

Forse in serata.
Aspettami, intanto scrivimi. Non mi dimenticare, amore.
D.

25 marzo, ore 21.19 - sms

È notte ormai, il vento **fischia**[18] dietro i vetri fragili.
Non arrivi. Me lo merito.
L.

25 marzo, ore 21.48 - sms

Sei sicura? Apri la porta, **sto bussando** piano.
D.

15 **abbandonarsi -** sich ergeben
16 **la zanzara -** die (Stech)Mücke
17 **lo schiaffo -** die Ohrfeige
18 **fischiare -** pfeifen

größter Regionalpark Italiens, größtes geschütztes Feuchtsystem des Landes und UNESCO Biosphärenreservat mit Hunderten von Tier- und Pflanzenarten

20 RINASCERE[1]

Domani parto per il **Parco Regionale del Delta del Po**.
Devo fare un servizio fotografico.
È stata una fortuna, ho bisogno di partire, lasciare la città, non vedere nessuno per un po'.
Pochi giorni fa io e il mio ragazzo **ci siamo lasciati**[2], dopo tre anni. Ho preso io la decisione, ma adesso sento un grande **vuoto**[3].

Arrivo a Rovigo in treno e c'è una macchina che mi aspetta. Dentro ci sono Vincenzo, una guida turistica, e Mattia, un giornalista.
Dopo le **presentazioni**[4], io sono silenziosa, loro invece chiacchierano molto, forse si conoscono già. Guardo fuori: l'inverno della **pianura padana** è affascinante.
C'è una sottile **nebbia** che copre il paesaggio **piano**[5].
Vedo qualche **casolare**[6], prendo la macchina fotografica, faccio qualche foto dal finestrino: lunghi orizzonti di **orti**[7] ordinati.
Poi entriamo nella zona **protetta**[8] della riserva: inizio a

der Nebel

la pianura padana

die weite Ebene

Guardo fuori: l'inverno della pianura padana è affascinante. C'è una sottile nebbia che copre il paesaggio piano. Vedo qualche casolare, prendo la macchina fotografica, faccio qualche foto dal finestrino.

das Mündungsgebiet

vedere i **canneti** delle lagune, poi la **foce** del Po con le sue lunghe **strisce di sabbia** fino al mare.

La guida Vincenzo ci dà molte notizie sul territorio, Mattia **prende appunti**[9]. Poi ci fermiamo e ci prepariamo per la notte. Siamo nella zona più selvatica del parco.

Mangiamo dei panini, poi Vincenzo ci dà la buonanotte e va nella sua tenda.

"Vado a fare un giro", dico.

"Vengo con te", risponde Mattia. Lo fisso, lui continua: "Provo a vedere con i tuoi occhi, l'articolo e le foto devono raccontare la stessa storia".

Lo guardo forse per la prima volta. È un bell'uomo, io invece mi sento così brutta. Sono confusa, mi sento in imbarazzo, smetto di fissarlo, mi giro e vado verso la laguna.

Tengo stretta la macchina fotografica e il **cavalletto**[10]. Lui mi segue nel silenzio della notte.

Scelgo uno spazio dietro un canneto, sistemo l'**attrezzatura**[11] e **mi apposto**[12].

Lui si siede accanto a me. Sento il suo respiro molto vicino, è un momento magico. Ho un **brivido**[13]. Mi sfiora la spalla: "Hai freddo?", mi chiede.

"No, sì, un po'", mi confondo.

1 **rinascere** – wiedergeboren werden
2 **lasciarsi** – sich trennen
3 **il vuoto** – die Leere
4 **la presentazione** – (hier:) das Vorstellen
5 **piano** (Adj.) – flach
6 **il casolare** – das abgelegene Landhaus
7 **l'orto** (m.) – der Gemüsegarten
8 **protetto** (Adj.) – geschützt
9 **prendere appunti** – Notizen machen
10 **il cavalletto** – das Stativ
11 **l'attrezzatura** (f.) – die Ausrüstung
12 **appostarsi** – auf Position gehen
13 **il brivido** – der Schauder

Mi mette addosso la sua giacca.
"E tu?", gli dico.
Mi guarda intensamente e non dice niente, poi sorride con molta dolcezza.
Io abbasso gli occhi e dico: "Grazie". E poi, non so perché, gli racconto della mia **storia**[14], della sua fine, del vuoto e della confusione. Lui mi fa qualche domanda, ma soprattutto mi lascia parlare.
Poi restiamo in silenzio e ascoltiamo insieme i suoni della laguna di notte, i **versi**[15] di animali vicini e lontani, e alla fine mi dice: "Anch'io sono in un momento di grande **cambiamento**[16]".
E, all'improvviso, si alza uno **stormo** di **fenicotteri** nell'alba. Riesco a fotografarli.

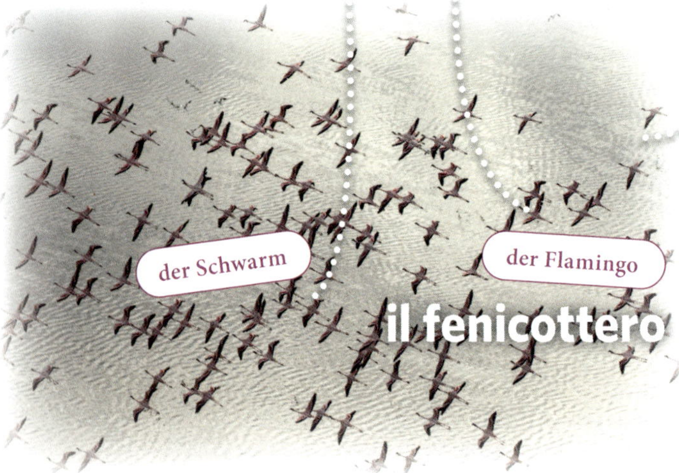

Ho pensato a Mattia nei giorni seguenti, ma non l'ho chiamato. E lui non ha chiamato me.
Il tempo è passato, ho imparato nuovamente a stare da sola, preparare la cena solo per me, dormire nel letto matrimoniale senza nessuno accanto.

la migrazione – (hier:) der Zug

Poi una mattina il postino mi porta una busta. Dentro c'è la copia di una **rivista**[17], con la mia foto dei fenicotteri che si alzano in volo nelle prime luci del giorno in **copertina**[18]. Il titolo è "Rinascere".

Nell'articolo Mattia racconta le **migrazioni** degli uccelli, scrive che il fenicottero è simbolo di cambiamento, racconta quella notte, dedica l'articolo a una "splendida donna confusa". Per la prima volta, dopo molto tempo, sento un **calore**[19] nello stomaco e **sorrido**.

Prendo il telefono.

Rinascere.

14 **la storia** – (hier:) das Verhältnis
15 **il verso** – der Ruf
16 **il cambiamento** – der Wechsel
17 **la rivista** – die Illustrierte
18 **la copertina** – das Cover
19 **il calore** – die Wärme

21 IL BAR DI GINO

"E quindi gliel'ho **detto chiaro e tondo**[1]: o cambi testa o esci da casa mia".

"Hai fatto bene, ma glielo avevi detto anche il mese scorso e si è fatto licenziare lo stesso dal tuo amico orafo".

Lo so, lo so, ma che ci posso fare? Ha quella **faccia da schiaffi**[2] che mi fa perdere la ragione. È così immaturo, eppure non riesco a dirgli basta una volta per tutte".

"Lidia, da quando è venuto a vivere da te non ti ho mai visto felice".

"Forse hai ragione, Carla, ora però devo andare a lavorare! Lascia stare la colazione, ho già pagato io! Ciao tesoro!", sussurra baciando sulla guancia l'amica. "Ciao Gino!", mi urla, ed è già per strada.
Lei è Lidia, trent'anni, impiegata alla banca all'angolo, vive a Rieti da due anni, da quando è stata trasferita dalla filiale di Brescia dove era stata assunta appena ventiseienne. È una ragazza brillante ed estroversa, s'innamora con estrema facilità. Viene tutte le mattine a prendere il suo cornetto integrale al miele con cappuccino freddo assieme alla sua amica Carla.
Carla invece è di Rieti, anche lei trentenne, la conosco da una vita, abbiamo fatto la **scuola elementare**[3] assieme. Lei lavora come **commessa**[4] in un negozio di biancheria intima di Via Roma. "Buongiorno Gino, fammi un caffè forte, macchiato senza schiuma per favore!", mi dice Guido, con il suo sorriso bianco e perfetto, mentre allontana un po' lo smartphone dal viso e accompagna con sguardo **inequivocabile**[5] Carla che esce dal bar.

1 **dire qc chiaro e tondo –** etw. klar und deutlich sagen
2 **la faccia da schiaffi –** das Ohrfeigengesicht (abw.)
3 **la scuola elementare –** die Grundschule
4 **il commesso –** der Ladenverkäufer
5 **inequivocabile –** unmissverständlich

Poi continua con un tono di voce più contenuto, al telefono: "Non ce la faccio, non posso proprio, stasera non se ne parla. Non dire sciocchezze, lo sai che vorrei essere con te anche adesso...", si volta e va verso il tavolino dei giornali. Lo vedo riporre il cellulare nella tasca interna del cappotto, torna vicino al bancone e beve il suo espresso con un sorso rapido. Alza lo sguardo e sembra sorpreso: "Ciao tesoro!". È appena entrata Mirella, sua moglie. In genere lei arriva poco più tardi, dopo aver lasciato i due bambini a scuola. "Ciao amore", si **sfiorano**[6] le labbra, "Gino, mi prepari il mio cappuccino per favore?", mi chiede. "Certo, lo faccio subito". Per la signora Mirella cappuccino in tazza fredda, senza cacao.
Si rivolge al marito: "Ho fatto presto perché il piccolo è entrato nell'aula tranquillo quando l'ho lasciato; tu non sei ancora andato in ufficio?".
"Stavo leggendo i titoli dei giornali, ora vado". Un altro bacio, "A stasera!". Alza lo sguardo verso di me, io batto alla cassa un euro e ottanta centesimi e lui mi lascia una moneta da due, senza darmi il tempo di dargli il resto, mi **fa l'occhiolino**[7] e via.
"Suo marito le ha offerto il cappuccino", dico.
"Che galante", dice Mirella, non nascondendo una nota di fastidio. Poi prende la sua tazza e si dirige al suo solito posto.
Lui è Guido Sirianni, direttore di un'Agenzia di Assicurazione, sensibile al fascino femminile, è sposato con Mirella e ha due figli.

Mirella fa la casalinga, ma sarebbe un avvocato. Ogni mattina la vedo sfogliare giornali di annunci. All'inizio leggeva l'inserto degli annunci di lavoro, ma adesso forse si tratta di quello immobiliare: vuole trovare una casa in cui trasferirsi lontana dal marito?

C'è un momento di tranquillità, esco un minuto a fumare una sigaretta. Il mio è uno dei locali sul lungo Velino, il fiume che attraversa la **piana**[8] del territorio di Rieti e la città stessa.

Io qui ci sono nato, sono andato a scuola fino al diploma e poi ho preso in gestione questo locale di mio zio. All'inizio è stata dura perché alle sei, con il sole e con la neve, dovevo essere dentro e cominciare a servire caffè e cappuccini, ma poi pian piano ci ho fatto l'abitudine. Mi sveglio all'alba, passo a prendere le due grandi confezioni di **cornetti** caldi dalla pasticceria sulla via Tancia e rendo accogliente il mio bar per i primi clienti.

"Oh, Gino, ma hai visto che **sciagura**[9] ieri sera?", mi dice Antonio, entrando nel bar. "Una **disfatta**[10] così non si vedeva dal 1982!". Antonio fa il rappresentante di materiali elettrici, tifoso della Lazio, viene spesso, ma mai allo stesso orario, chiede ogni volta qualcosa di diverso. Oggi è allegro, lancia un'occhiata alla signora Mirella e mi chiede sottovoce: "Chi è?". "Non ne ho idea, ma è sposata", dico senza dar peso alla cosa.

Antonio sembra non ascoltarmi e continua a osservare la mia cliente al suo tavolino.

6 **sfiorare** – leicht berühren
7 **fare l'occhiolino** – jdm. zuzwinkern
8 **la piana** – die Ebene
9 **la sciagura** – das Unglück
10 **la disfatta** – die Niederlage

"Offrimi cappuccino e cornetto, Anto'!", è arrivato Leonardo, il fidanzato scansafatiche di Lidia. Arriva sempre con comodo, a metà mattina, chiaramente sveglio da poco meno di dieci minuti. E cerca sempre qualcuno per farsi offrire la colazione.
"Oh! Leonardo, chi si vede!", si stringono la mano, io preparo l'altro cappuccino, in automatico: all'inizio usare la macchina da bar per il caffè è stata la cosa più difficile in assoluto da imparare, ma adesso tutto mi riesce con movimenti fluidi e istintivi, e in genere riesco a preparare i caffè anche chiacchierando con chi sta dall'altra parte del bancone.
La mia clientela è composta soprattutto da **dipendenti**[11] degli uffici e negozi del centro, ma ci sono anche i pendolari che la mattina vengono a fare colazione anche dai paesi vicini per poi dirigersi a Roma. Poi ci sono tutti i pensionati che arrivano dopo le nove, con calma e con il giornale sotto il braccio. Hanno sempre qualche notizia scandalosa da commentare. Loro consumano poco, spesso sono io a offrire qualche bibita, ma mi fanno tanta compagnia, e a volte quando devo spostarmi per una commissione veloce, **presidiano**[12] il locale e intrattengono qualche minuto chi entra per un espresso.

Poi ci sono tutti i pensionati che arrivano dopo le nove, con calma e con il giornale sotto il braccio.

Durante la mattina mi occupo di preparare spuntini, insalate, ma soprattutto panini **sfiziosi**[13] per il pranzo, quando gli stessi clienti della colazione fanno capolino per consumare un pasto veloce e rientrare in ufficio dopo il caffè.

Di pomeriggio, invece, dopo un paio d'ore tranquille, iniziano ad arrivare, allegri e rumorosi, mamme e bambini che escono da scuola o vanno al parco qui vicino. Ed ecco succhi di frutta, qualche tè, pizzette da scaldare, ogni tanto un tramezzino, e poi patatine, caramelle e barrette di cioccolata.

Quindi passano qui davanti impiegati e commessi che lasciano il posto di lavoro e riprendono il proprio mezzo per tornare a casa. Qualcuno si ferma, ma per lo più **tirano dritto**[14] per far presto.

Ecco le mie giornate, sempre uguali, sempre diverse. Conosco tutti, conosco solo chi passa da qui. **Sono al corrente**[15] di tanti **intrecci**[16] e tante relazioni che uniscono i miei concittadini. In un certo senso mi piace prendermene cura, non soltanto con un buon caffè. Sono fatto così.

11 **il dipendente** – der Angestellte
12 **presidiare** – aufpassen
13 **sfizioso** – lecker
14 **tirare dritto** – weitergehen, weiterfahren
15 **essere al corrente** – wissen, auf dem Laufenden sein
16 **l'intreccio** (m.) – die Verstrickung

l'espresso

Achtung!
Wenn Sie in Italien einen **caffè** bestellen, bekommen Sie einen **espresso**! Möchten Sie einen ‚deutschen' Kaffee, bestellen Sie einen **caffè americano**.

il caffè americano

il caffè ristretto

Ein **ristretto** wird wie ein **espresso** zubereitet: dieselbe Menge Kaffeepulver, aber nur halb so viel Wasser!

la macchinetta per l'espresso

die Espressomaschine

il manico

der Henkel

der Zucker

lo zucchero

der Löffel

il cucchiaio

e Kaffeevarianten mit Milch
ıkt man in Italien spätestens bis
Mittagszeit. Morgens und am
rmittag begleiten sie das Frühstück ...

Ab dem Mittag trinkt man nur noch
presso! Zur Verdauung nach dem Essen
ımt man einen schnellen Espresso,
istens im Stehen und an der Bar.

la schiuma – der Schaum

il cappuccino

il tappo – der Verschluss

Wenn Sie in Italien nur nach ‚Latte' verlangen, wird man Ihnen ein Glas Milch bringen!

il latte – die Milch

il latte macchiato

il caffellatte

die Maske

22 IL CARNEVALE DI IVREA

Mio cugino Piero ha vent'anni, è alto quasi due metri e gioca a rugby. In questo periodo è single, ma fino a due anni fa **stava con**[1] Giulia, che un bel giorno gli ha detto: "Piero, sei un bravo ragazzo, ma preferisco stare da sola". Due giorni dopo Giulia camminava mano nella mano con Daniele, un ragazzo che gioca nella stessa **squadra**[2] di Piero.

Oggi comincia il carnevale di Ivrea.
Qui il carnevale è diverso: **non basta**[3] mettere una **maschera**, andare per le strade, **tirare coriandoli**[4] e ballare. Qui si deve **combattere**[5]. Sì, combattere, ma con le arance...

der Wagen

il carro

mirare a qc/qu

(auf jmdn./etw.) zielen

Alcuni **carri** con circa dieci persone sopra girano per le vie del centro. Rappresentano una specie di castello. Le persone che stanno sotto, a piedi, sono il **popolo**[6] e devono **conquistare**[7] il castello.

Nella battaglia **tutti si tirano le arance**. È molto faticoso. E anche doloroso, se ti arrivano in faccia...

Daniele, il nuovo fidanzato di Giulia, di solito sta sopra uno di questi carri.
E infatti Piero, da un paio di anni, per carnevale, **non si perde**[8] una battaglia e mi dice: "Colpisci quello con il **casco** nero!".
E io rispondo: "Piero, ma quello per caso è Daniele?".
E Piero dice: "Non ti preoccupare, noi dobbiamo combattere e basta".
Io cerco di fare il possibile con i miei **lanci**[9]. Ma quello con il casco nero è bravissimo. Da due anni a questa parte, infatti, torno sempre a casa con gli occhi neri.

1 **stare con** (ugs.) – zusammen sein
2 **la squadra** – die Mannschaft
3 **non basta** (+ Infinitiv) – es reicht nicht, dass … / es reicht nicht, … zu …
4 **tirare coriandoli** – Konfetti werfen
5 **combattere** – kämpfen
6 **il popolo** – das Volk
7 **conquistare** – ergreifen
8 **non perdersi qc** – etw. nicht verpassen
9 **il lancio** – der Wurf

E anche Piero.
Così gli dico: "Daniele è forte, le arance che tira lui sembrano pietre e chissà perché finiscono tutte sulla nostra testa".
Piero si arrabbia: "Perdiamo per colpa tua, perché non sei abbastanza forte!". Mi chiamo Andrea, ho 19 anni, sono magro e non gioco a rugby come Piero e Daniele. Studio matematica e porto gli occhiali.

"Daniele è forte, le arance che tira lui sembrano pietre e chissà perché finiscono tutte sulla nostra testa".

Questa storia della battaglia delle arance **si è diffusa**[10] soprattutto nel **dopoguerra**[11]. Il carnevale di Ivrea, secondo alcuni, è uno dei più antichi d'Italia. Ma nell'Ottocento le arance servivano ad altro. Le ragazze sui balconi le tiravano ai ragazzi per attirare l'attenzione. Nella nostra famiglia la **bisnonna**[12] ha trovato marito così: dopo aver lanciato un'arancia sulla testa del bisnonno. Allora erano un frutto esotico e arrivavano dalla Costa Azzurra. Oggi invece arrivano dalla Sicilia e dalla Calabria. Sono arance che non si mangiano più, molto mature e molli, così fanno meno male quando ti arrivano in testa...

Ma il carnevale di Ivrea non è solo questo. **Sfilano**[13] carri, **bande musicali**[14], vestiti in costume. Ed è la parte della festa che preferisco.
Invece anche quest'anno devo andare a tirare le arance. Anche se non capisco bene perché: Giulia e Daniele non stanno più insieme, mi sembra.
Mia madre non vuole: "Piero, lascia stare Andrea, non ha forza nelle braccia, non sa difendersi".
Ma Piero risponde: "Zia, Andrea ormai è un uomo, deve imparare a combattere".

Io non so mai cosa dire in queste occasioni. **Stavolta**[15] però provo a dire qualcosa: "Scusa Piero, ma Giulia è ancora la ragazza di Daniele?".
E lui risponde: "No, ma **questo non c'entra**[16]!".
"E con chi sta adesso?".
"Non so, forse con Tommaso...".
Io **tremo**[17]: "Ma Tommaso è il capitano della squadra di rugby? Il ragazzo di due metri che sta sul carro vicino a Daniele?".
"Sì".
Tommaso è molto forte, e sotto il carro, nella sua zona, tutti **si scansano**[18] per la paura. Le arance che tira lui sembrano proiettili.
Così quest'anno abbiamo un nuovo **nemico**[19], il più forte di tutti.
E infatti quando comincia la battaglia io e Piero prendiamo almeno dieci arance in testa.
Poi a un certo punto tutto si calma e sentiamo urlare da dentro il carro. Due **tiratori** stanno litigando. Li vediamo in faccia: sono Tommaso e Daniele. Poi Tommaso prende Daniele e lo butta giù dal carro.

10 diffondersi – sich ausbreiten
11 il dopoguerra – die Nachkriegszeit
12 la bisnonna – die Urgroßmutter
13 sfilare – vorbeimarschieren
14 la banda musicale – die Musikkapelle
15 stavolta (Adv.) – dieses Mal
16 questo non c'entra (ugs.) – das tut nichts zur Sache
17 tremare – zittern
18 scansarsi – wegrücken
19 il nemico – der Feind

Piero e Daniele si guardano in faccia, poi in alto verso Tommaso e ricominciano a **lanciargli** le arance. La loro, quella tra Piero, Daniele e Tommaso, è una battaglia tutta personale. Quindi mi allontano e vado ad ascoltare la banda e la canzone del carnevale di Ivrea: "Il Castello non c'è più / Il Castello non c'è più!".

lanciare
bewerfen

3 Tage dauert die Orangenschlacht in Ivrea. In dieser Zeit werden rund **600 Tonnen** Orangen verfeuert!

Schade um die schönen Orangen? Keine Sorge! Für die Schlacht werden ausschließlich kaputte Früchte verwendet, die ohnehin nicht in den Handel kämen.

23 STORIA DI UN UOMO

Ho ricevuto questa scatola da mio nonno, poco prima della sua morte. È una **cassetta di metallo** con un **lucchetto**. La apro.

Ci sono fogli scritti a mano, fotografie, disegni, **cartine**.

Ma soprattutto c'è la storia di mio nonno.

Io vivo in Gran Bretagna, mio nonno invece è cresciuto in Italia ed è arrivato qui durante la seconda guerra mondiale.

Non ci ha mai raccontato del suo viaggio e non ci ha mai parlato delle sue **origini**[1]. Non sappiamo neppure come si chiama il paese della sua infanzia, tranne che è in Piemonte.

È arrivato qui a vent'anni, dopo la guerra ha incontrato mia nonna, un'irlandese molto simpatica, l'ha sposata ed è nato mio padre. Io studio italiano da tempo perché voglio conoscere le mie **radici**[2], ma non ho ancora trovato la mia strada. Ho sempre fatto molte domande a mio nonno, ma ho ricevuto poche risposte.

"È **passato**[3]", mi ha ripetuto tante volte. "È passato".

"Caro Richard,

Non è facile scrivere in italiano.

L'italiano è ormai soltanto la lingua delle mie **preghiere**[4]*. Però da piccolo ti sei seduto tante volte sulle mie ginocchia e in italiano ti ho cantato canzoncine e* **filastrocche**[5]*.*

Forse per questo studi la mia lingua, chissà.

So che la mia fine è vicina, caro nipote, e voglio lasciarti qualcosa di me.

Io vengo da un luogo meraviglioso, una terra di colline **fertili**[6]*, piene di* **vigneti***. Io vengo dalle* **Langhe** *e precisamente da un paese minuscolo, famoso per il suo vino: si chiama* **Barbaresco***.*

Ho avuto un'infanzia felice, mi sono arrampicato sugli alberi, ho corso tra i **filari** *delle* **vigne***, ho avuto addirittura dei cani per cercare* **tartufi bianchi** *con mio padre. Quanti ricordi!*

1 **l'origine** (f.) – der Ursprung
2 **la radice** – die Wurzel
3 **passato** (Adj.) – vorbei
4 **la preghiera** – das Gebet
5 **la filastrocca** – der Kinderreim
6 **fertile** (Adj.) – fruchtbar

I miei genitori hanno lavorato tanto, ma la ricca terra delle Langhe li **ha ripagati**[7] *e hanno vissuto grazie al vino che hanno prodotto. Hanno avuto solo me come figlio, e io ho sempre pensato di restare a fare il lavoro di mio padre, ma poi è arrivata la guerra.*
La guerra **cancella**[8] *tutto, anche l'età. Se hai sei anni, non sei più un bambino; se ne hai sedici, come è stato per me, non sei più un ragazzo, devi essere un uomo. E devi decidere da quale parte stare.*
Io ho partecipato alla **Resistenza**[9] *e per questo motivo ho perso la mia famiglia, e più tardi anche la mia terra e le mie radici.*
Ma ora voglio **restituirle**[10] *a te.*
Ti chiedo di tornare, di andare nel mio piccolo paese, nella casa dei miei genitori: non so cosa puoi trovare, ma mi **appartiene**[11]*, ti appartiene.*
C'è una **mappa**[12] *in questa cassetta, l'ho disegnata io, ma ci sono anche una cartina e alcune indicazioni. Ci sono dei documenti, c'è persino la chiave di una* **botola**[13] *dove mio padre ha conservato un piccolo tesoro (non so se oggi ha valore, ma di sicuro fa parte della tua storia). Trovi anche delle fotografie, le ho tenute nella mia giacca per anni, in una tasca nascosta, sono i tuoi* **bisnonni**[14] *fra i* **noccioli** *davanti alla casa della mia infanzia, e quel bambino in calzoncini sono io.*
Insomma, qui dentro c'è tutta la mia storia, la nostra storia.
Ti auguro ogni bene.
Con tanto affetto,
nonno Guido"

Leggo e rileggo questa lettera mentre viaggio verso l'Italia, prima in treno, poi in aereo e infine in autobus. E finalmente arrivo nel piccolo paese di mio nonno.
Le colline intorno sono di un verde brillante e la primavera si sente già nell'aria.
Mi incammino per un sentiero bianco e arrivo in una zona **incolta**[15]. Sono emozionato, mi batte forte il cuore. **Mi faccio strada**[16] tra l'**erba alta**. Vedo dei noccioli, li raggiungo.
E proprio lì, coperti dalla **vegetazione**, ci sono i resti di una casa.
Non ci sono porte né finestre, non c'è il tetto, le pareti sono parzialmente distrutte.
Provo a entrare, nonostante gli alberi che ormai vivono lì dentro.
Non ci sono mobili né **tracce**[17] di vita umana.

7 **ripagare** – belohnen
8 **cancellare** – löschen
9 **la Resistenza** – der Widerstand (gegen den Faschismus)
10 **restituire** – wiedergeben
11 **appartenere** – gehören
12 **la mappa** – die Karte
13 **la botola** – die Falltür
14 **i bisnonni** – die Urgroßeltern
15 **incolto** (Adj.) – unbebaut
16 **farsi strada** – sich einen Weg bahnen
17 **la traccia** – die Spur

Mi muovo molto lentamente. Sembro un ladro, **eppure**[18] sento questo luogo così familiare.
Poi vedo quello che resta del camino in pietra: è una delle indicazioni di mio nonno.
Strappo le **erbacce**[19], cerco di spezzare dei rami ed ecco la botola!
Mi tremano le mani, ma riesco lo stesso a prendere la chiave di mio nonno.

Apro la **serratura**[20] e inizio a sudare. C'è una **scala**. Lascio il mio grosso zaino per terra, prendo un **accendino**[21] e, con il cuore in gola, scendo. Il luogo è stretto e c'è odore di chiuso. Riesco a fare un po' di luce e resto immobile per la sorpresa: **scaffali** e scaffali di vino, con decine di bottiglie di Barolo del 1938. Qualcuna è ancora più vecchia.
Torno alla luce e mi guardo intorno.
Ora so da dove può cominciare la mia storia.

18 **eppure** (Adv.) - aber (doch)
19 **le erbacce** (Pl.) - das Unkraut
20 **la serratura** - das (Tür)Schloss
21 **l'accendino** (m.) - das Feuerzeug

24 LA CITTÀ DI STRADIVARI

Mi chiamo Michele, sono un musicista, suono il violino e abito a Milano. Questa settimana sono andato a Cremona tre volte. Solo per far riparare il mio violino. Nulla di serio. Una piccola cosa. Quasi **invisibile**[1] agli occhi. Ma chiara all'orecchio di un musicista.

Cremona è la città dei **liutai**, una specie di capitale dell'arte di costruire e riparare i violini e tutti gli **strumenti a corda**[2]. Si contano oltre duecento botteghe di **artigiani**[3]. Tanto per rendere l'idea: **Antonio Stradivari**, quello dei violini più famosi, era un liutaio di Cremona.

il liutaio

der Geigenbauer

Antonio Stradivari ist der berühmteste Sohn Cremonas. Er wurde 1644 dort geboren.

Auch heute noch ist die Stadt ein Zentrum für den Bau und die Reparatur von Saiteninstrumenten.

Il mio artigiano e **restauratore di fiducia**[4] invece si chiama Aldo, ha i baffi molto folti e delle mani che fanno miracoli. Aldo mi ricorda sempre: "I violini sono strumenti delicati, cerca di fare attenzione". Ha ragione. Io però sono troppo distratto, come mi dice spesso Aldo. Ma forse il problema è un altro...

Ho conosciuto una ragazza, si chiama Linda, abita nel mio stesso palazzo. L'ho incontrata in ascensore e si è subito presentata: "Ciao, sono la nuova vicina, abito al terzo piano". Io di solito sono molto **timido**[5] con le ragazze. Così per riuscire a darle la mano ho messo il violino tra il braccio e le **costole**[6]. Ma quando Linda mi ha stretto la mano, la **custodia** mi è caduta. "Si sarà rovinato?", mi ha detto lei, mentre cercava di aiutarmi.

1 **invisibile** (Adj.) – unsichtbar
2 **lo strumento a corda** – das Saiteninstrument
3 **l'artigiano** (m.) – der Handwerker
4 **il restauratore di fiducia** – der Restaurateur des Vertrauens
5 **timido** (Adj.) – schüchtern
6 **la costola** – die Rippe

Io **ho fatto finta di nulla**[7] e ho risposto: "Ma no, ha la custodia".

Dopo poche ore ero a Cremona, dentro la bottega di Aldo. Il violino aveva una specie di **bernoccolo**[8].

"Aldo aiutami, domenica ho un concerto!".

"Vai a fare una passeggiata, ci vediamo tra mezz'ora".

Aldo riesce sempre a **tranquillizzarmi**[9]. Di solito quando sono a Cremona faccio un giro per la città ed entro spesso nel Museo del Violino. Un posto interessante, con un'acustica perfetta, dove è possibile ascoltare il suono di un autentico Stradivari. E io imparo sempre qualcosa.

Mercoledì ho incontrato Linda davanti al nostro palazzo. Mi ha subito riconosciuto: "Ciao Michele, come va?". "Bene". Quando una ragazza mi piace non parlo molto. Linda invece non **fa caso a**[10] queste cose, per fortuna. Così mi ha sorpreso: "Ti va di andare a mangiare qualcosa giovedì?". Ho risposto: "Con piacere!". Ma poi ho pensato che devo migliorare con la conversazione.

Così ci siamo dati appuntamento per le otto in un ristorante vegetariano. La sera non faccio altro che girare intorno allo **spartito** e al violino. Domenica devo suonare alla Scala, ho un concerto importante: **sostituisco**[11] un violinista, che si è fatto male a un braccio... forse qualcuno più distratto di me. Può essere una grande occasione. E poi è un pezzo famosissimo: La Primavera di Vivaldi, una delle Quattro Stagioni.

Ma alla fine invece di provare, recito le frasi da dire a Linda. E nella teatralità del momento **sbatto**[12] contro il violino. Un altro **danno**[13].

Il giorno dopo Aldo mi dice: "Michele, ma va tutto bene?". Aldo si preoccupa per me. Del resto sono uno dei suoi migliori clienti.

7 **fare finta di nulla** – tun, als ob nichts wäre
8 **il bernoccolo** – die Beule
9 **tranquillizzare** – beruhigen
10 **fare caso a qn/qc** – auf jdn./etw. achten
11 **sostituire** – ersetzen
12 **sbattere** – sich stoßen
13 **il danno** – der Schaden

Giovedì mi presento in giacca e cravatta. Lei ha un bellissimo abito corto, **azzurro** se non ricordo male. Ci sediamo uno di fronte all'altra, in mezzo il cameriere **riempie**[14] due bicchieri di vino rosso. Linda a un certo punto mi chiede se voglio vedere un suo **neo**[15] a forma di cuore che ha sul braccio. A volte non mi capisco: o sono troppo timido o troppo impulsivo. Così per vedere questa rarissima forma di bellezza sbatto contro il bicchiere di vino che **si rovescia**[16] sulla tavola e poi giù sul vestito di Linda.

"Che **imbranato**[17]!", dice lei e poi va via, senza farmi vedere il suo neo a forma di cuore.

"Che imbranato!", dice lei e poi va via...

azurblau

der kleine Topf

Oggi è sabato e **ho danneggiato**[18] per la terza volta il mio violino. Ho messo sul fuoco un **pentolino** con l'acqua per fare un tè. Poi ho cominciato a suonare e non ho più pensato al pentolino. Dopo mezz'ora ho sentito **puzza di bruciato**[19]. Ho posato il mio violino sulla sedia davanti allo spartito e sono andato in cucina. Ma ho sentito qualcosa cadere per terra. Era il violino. Un piccolo buco nel legno, questo non mi era mai successo. Così ora sono di nuovo nella bottega di Aldo, che stavolta mi dice: "Ci vediamo tra un'ora".

Quando torno a riprendere il mio strumento, Aldo me lo passa per vedere se funziona come prima. Il violino suona perfettamente.

Poi ricevo una telefonata e sul cellulare leggo "LINDA". Inizio a parlare con il violino sotto il **mento**[20]. Ma Aldo mi sussurra: "Prendo io il violino, tu parla con lei!".

Linda sembra avermi perdonato.

Aldo invece sembra preoccupato. "Quando uno **si prende una cotta**[21] è meglio tenere il violino al sicuro".

Ha ragione.

14 **riempire** - füllen
15 **il neo** - das Muttermal
16 **rovesciarsi** - umfallen
17 **imbranato** (Adj.) - tollpatschig
18 **danneggiare** - beschädigen
19 **la puzza di bruciato** - der Brandgeruch
20 **il mento** - das Kinn
21 **prendersi una cotta per qu** (ugs.) - sich in jdn. verknallen

25 UNA BIBLIOTECA COME CASA MIA

Lisa è una donna piacevole ed elegante. Non è una di quelle bellezze che ti giri a guardare, ma ha quel fascino che non te la fa dimenticare. Ha i capelli scuri, la pelle chiarissima, ha una corporatura asciutta e un'**andatura**[1] lenta e composta. Vive a Bologna da quindici anni, viene da un paese in provincia di Sassari, in Sardegna, dove abitava in una grande casa, con ampie vetrate piene di tramonti sul mare. Aveva passato l'infanzia e l'adolescenza davanti a quelle vetrate, sprofondata sulla sua poltrona di velluto blu, a **divorare libri**.
A un certo punto, ha preso un traghetto con un biglietto di sola andata per il "continente". **Si è rimboccata le maniche**[2] e lentamente ha costruito il suo futuro.

Ha studiato e ha lavorato e alla fine è riuscita a diventare un ingegnere informatico e dopo anni alla ricerca di un lavoro in giro per l'Italia, lo ha trovato a Bologna.

All'inizio Bologna è stata cattiva. Il clima freddo e umido e la nebbia fitta sono stati due pessimi compagni, la vita costa molto e invece delle vetrate sul mare di quando era bambina, Lisa si è dovuta accontentare di leggere davanti a una finestra che dà su un cortile interno di un condominio di periferia. Da quella finestra si vedono solo un piccolo pezzo di cielo e di fronte altre case. Il tramonto non si vede e nemmeno l'alba. Il mare è lontano.

La sua occupazione preferita è diventata perdersi nella città rossa.

Durante il tempo libero Lisa ha però cominciato a passeggiare per la città medievale. Si sentiva quasi protetta dalle alte torri che la animano, e accolta dai lunghi **portici**[3] che la percorrono. La sua occupazione preferita è diventata perdersi nella **città rossa**[4]: a Bologna molti edifici sono stati costruiti con mattoni rossastri, il Palazzo Comunale, Palazzo de' Bianchi, il Palazzo del Podestà sono i più

1 **l'andatura** (f.) – der Gang
2 **rimboccarsi le maniche** – die Ärmel hochkrempeln
3 **il portico** – der Bogengang
4 **la città rossa** – die rote Stadt (Spitzname für Bologna)

famosi; ma anche parte di una delle più imponenti chiese d'Europa, la Basilica di San Petronio, è rossa.

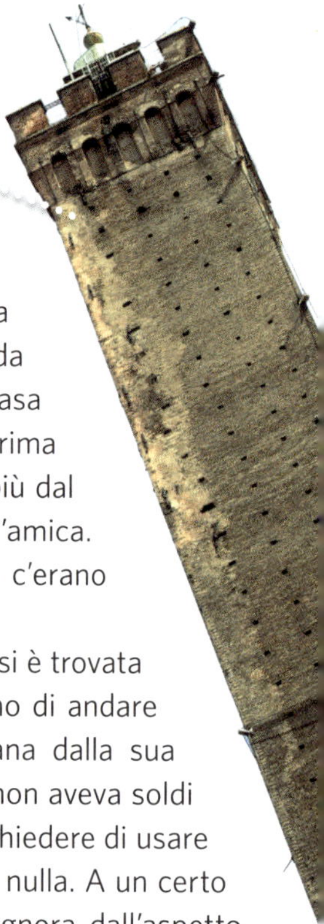

Rosse sono anche alcune torri, per esempio la **Torre degli Asinelli**, la più alta della città. Una volta Lisa aveva percorso i cinquecento gradini per arrivare fino in cima e aveva provato una grande emozione nel vedere tutta la città da più di cento metri d'altezza. Era tornata a casa **scossa**[5], come quando incontri per la prima volta una persona che non ti uscirà mai più dal cuore. Bologna cominciava ad essere un'amica. Aveva la sensazione che in quella città c'erano tante cose da scoprire.

Un giorno, dopo essere uscita dall'ufficio, si è trovata a Piazza Maggiore. Aveva urgente bisogno di andare in bagno e Lisa era ancora molto lontana dalla sua abitazione. Aveva appena fatto la spesa, non aveva soldi con sé e **si sentiva in imbarazzo**[6] a chiedere di usare il bagno in un bar senza poter consumare nulla. A un certo punto ha incrociato lo sguardo di una signora dall'aspetto sincero e disponibile, si è fatta coraggio e le ha chiesto di un bagno pubblico nei dintorni. "Ma vada alla Salaborsa, signora, nessuno Le dice niente!", le ha risposto, accompagnando l'invito con un gesto della mano che indicava il grande palazzo merlato dall'altra parte della piazza. Evidentemente lo sguardo sorpreso e incerto di Lisa, ha suggerito alla signora di insistere:

"Il bagno è nell'**ammezzato**[7], basta alzare gli occhi appena entra, e non ha bisogno di chiedere nulla a nessuno!".
"Va bene, signora, ci provo!".
"Vada tranquilla, buonasera!".
"Buona serata a Lei, grazie!".
Lisa è una donna piuttosto timida. Vivere da sola da tanti anni l'ha aiutata a diventare più risoluta, eppure questa volta ha pensato di essersi proprio superata. Col pesante sacchetto della spesa e la sua grande cartella da lavoro in spalla, ha attraversato la piazza, decisa a raggiungere l'obiettivo, ormai di primaria importanza: trovare una toilette.
Era passata tante volte lì davanti, ma aveva sempre ignorato la funzione di quel grande edificio. Una volta entrata, si è subito **resa conto**[8] che si trattava della biblioteca comunale.
Una grande folla di studenti, bambini, anziani, professionisti **animava**[9] l'atrio centrale, una piazza coperta enorme e luminosa, sulla quale si affacciavano due piani di **balconate**[10].
Il pavimento coperto da lastre di cristallo mostrava scavi archeologici che parlavano della storia del luogo, la copertura di ferro e vetrate lasciava entrare il presente.
Lisa si è sentita subito molto piccola, è rimasta a lungo a guardarsi intorno senza riuscire a riprendere fiato. Poi si è ricordata che doveva andare in bagno.

5 **scossa** – gerührt
6 **sentirsi in imbarazzo** – Peinlichkeit verspüren
7 **l'ammezzato** (m.) – das Halbgeschoss
8 **rendersi conto** – begreifen, verstehen
9 **animare** – beleben
10 **la balconata** – der umlaufende Balkon

È avvenuto così il suo primo incontro con la **Salaborsa**, per caso, per sbaglio, per necessità.

Quel pomeriggio aveva cercato la storia di quell'edificio meraviglioso, quella struttura apparentemente fragile fatta di luce, eppure imponente e solida.

Salaborsa, all'interno di Palazzo d'Accursio, detto il "quasi castello", è diventata solo di recente la Biblioteca Comunale.

Alla fine dell'Ottocento aveva più o meno la struttura che si può vedere oggi e veniva utilizzata come ufficio telegrafico e in seguito Residenza delle Poste. Presto è destinata anche alle contrattazioni di borsa, alle operazioni di mercato e agli scambi commerciali. Negli anni Venti, il comune **concede**[11] l'uso della Salaborsa a una grossa banca che ne fa la propria sede. Ma dopo la seconda guerra mondiale, oltre ad assistere di giorno alle transazioni economiche, di sera viene allestita per ospitare allenamenti sportivi, diventando un vero e proprio moderno palazzo dello sport. Durante le competizioni, come partite di **pallacanestro** e persino incontri di **pugilato**, le balconate servivano da spalti per i tifosi, mentre la piazza coperta ospitava gli atleti.

In seguito la Salaborsa vede nascere un Teatro di Burattini fino a diventare la sede storica del Comune di Bologna e poi nel 2001 la Biblioteca Comunale.

Da quando l'ha scoperta Lisa ci è andata ogni giorno, all'inizio per esplorarla, poi per passarci il tempo libero, infine per abitudine, l'abitudine del **conforto**[12], del rifugio.
Ci sta seduta ore e ore, **immersa**[13] nella luce splendida che filtra dalle enormi vetrate, a leggere di tutto, libri, riviste, come quando era ragazzina. Può trovare il suo angolo o cambiare prospettiva, può alzarsi, passeggiare tra gli **scaffali** o ammirare Bologna attraverso i grandi vetri. Lisa sorride e pensa: "Una biblioteca come a casa mia!"

11 **concedere** – gewähren
12 **il conforto** – der Trost
13 **immerso** – versunken

La Grassa

die Fette

Gutes Essen ist in **Bologna** wichtig. Schon im Mittelalter wurde der Stadt wegen ihrer deftigen Speisen der Name **la Grassa** verliehen.

La Rossa

die Rote

Wegen ihrer vielen roten Backsteingebäude trägt die Stadt auch den Namen **la Rossa**.

la mortadella

Die **Mortadella** wird seit dem 14.Jhd. hergestellt. Laut Einheimischen stammt die beste Mortadella aus Bologna.

Das **Tamburini** ist das älteste Wurstwarengeschäft der Stadt.

il portico

Bologna hat gleich 3 Beinamen ...

Architektonische Besonderheit der Stadt sind ihre **Portici**. Ein System von insgesamt fast 35 km langen Bogengängen, das sich durch das Zentrum der Stadt zieht. Unter ihnen findet man Geschäfte, Cafés u.v.m.

La Dotta
die Gelehrte

Die **Università di Bologna**, die 1088 gegründet wurde, ist eine der ältesten Universitäten Europas. Sie und ihre berühmten Studenten wie Dante, Erasmus von Rotterdam, Kopernikus und Paracelsus verhalfen der Stadt zu dem Namen **la Dotta**.

Viele Studierende lernen gerne in der **Salaborsa**, der städtischen Bibliothek direkt an der **Piazza Maggiore**. Das wunderschöne Gebäude beherbergte ehemals eine Bank.

26 IL FUTURO IN UNA MANO

das Lagunendorf

Questa è la storia di Sergio.
Sergio è calabrese, ma da due anni vive in Friuli Venezia Giulia, a Grado, un piccolo **paese lagunare** sul golfo di Trieste. Si è innamorato di questa città-isola, meno famosa di Venezia, ma **altrettanto**[1] suggestiva e romantica. Ama le **calli**[2] e i vicoli del centro, ma soprattutto ama il suo lavoro che è il motivo di questo **trasferimento**[3]: partecipare agli **scavi**[4] di uno dei **siti archeologici**[5] più importanti d'Italia, quello di Aquileia. Ha iniziato a lavorare con gioia, i colleghi sono simpatici, ma il capo è davvero insopportabile: è autoritario e nervoso, lavora poco, ma usa i risultati degli altri per avere **successo**[6].

il borgo dei pescatori

das Fischerviertel

Proprio oggi ha sgridato Sergio perché questa settimana le sue ricerche non hanno portato a nulla: "Guarda che non ti **rinnovo**[7] il contratto!", gli ha detto minaccioso.

Sergio è molto triste stasera e allora esce a fare un giro. Si chiude bene il cappotto, perché è inverno e il vento è molto freddo. Si dirige al **borgo dei pescatori**, dove il tempo sembra fermo a cento anni fa.

1 **altrettanto** (Adv.) – ebenso
2 **la calle** (Pl. **le calli**) – *Bezeichnung für ‚Straße' in Venedig*
3 **il trasferimento** – der Umzug
4 **lo scavo** – die (Aus)Grabung
5 **il sito archeologico** – die archäologische Stätte
6 **il successo** – der Erfolg
7 **rinnovare** – verlängern

Come in tutte le storie, anche in questa avviene un incontro: Sergio alza lo sguardo e dentro un cortile vede un'insegna di legno con scritto: "Scopri il tuo futuro".
Senza pensare troppo, si avvicina. C'è una porta aperta. Dentro, una stanza illuminata e una donna anziana seduta. Sergio la guarda qualche secondo per capire, poi lei solleva una mano e lo chiama verso di sé.

"**È permesso?**[8]", chiede.

"Prego, entra. Io sono Clarissa, sei arrivato finalmente", risponde lei.

"Finalmente...?", fa lui.

"So che hai il cuore confuso e hai bisogno di me per conoscere il tuo futuro. Vieni, siediti".

Lui **obbedisce**[9].

Clarissa gli prende delicatamente la mano, poi guarda il **palmo** e **accarezza le linee** più marcate. A volte gli **fa il solletico**[10] e Sergio fa un piccolo sorriso.

È incuriosito da questa donna.

"Capisco il motivo della tua tristezza", dice lei. "Capisco, ma devi avere pazienza, io vedo molta gioia e successo".

"Nel lavoro?", chiede lui sorpreso.

"Sì", risponde mentre dà qualche piccolo schiaffo al palmo di Sergio. "Vedo un teatro".

"Un teatro? Ma io...", ribatte lui.

"Sì, vedo un teatro e molto successo", ripete Clarissa. Poi gli richiude la mano in un pugno, lo guarda negli occhi e conclude: "Buona fortuna".

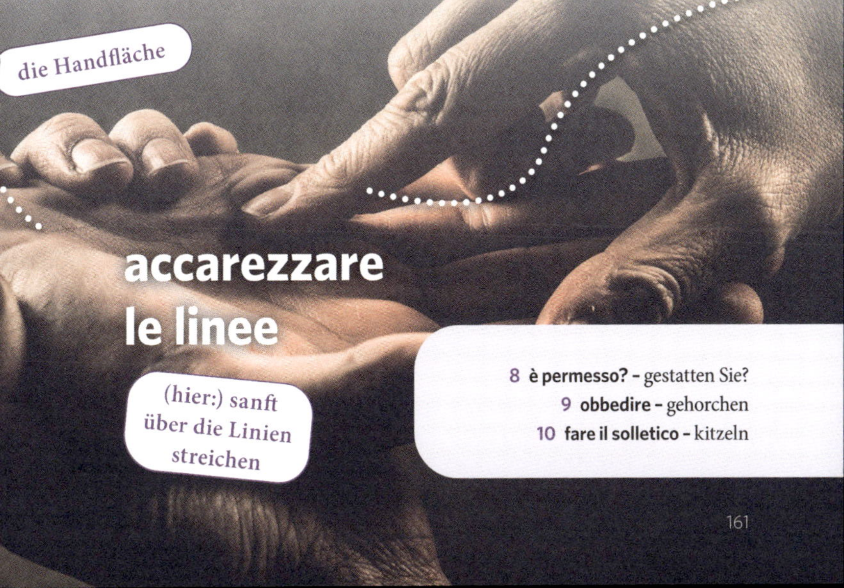

8 **è permesso?** - gestatten Sie?
9 **obbedire** - gehorchen
10 **fare il solletico** - kitzeln

das Mosaik

Sergio torna nel freddo dei vicoli e pensa alle parole della donna. Da giovane ha fatto teatro, al liceo e poi all'università, ma è sempre stato solo un hobby.

Certo un incontro strano, ma proseguiamo con la nostra storia.

Nei giorni successivi, agli scavi, si lavora molto. Il capo non c'è, ma nessuno **sente la sua mancanza**[11].

E finalmente arriva il momento – quel momento. È quasi una magia, quando dalla **polvere**[12] esce qualcosa di antico... Sergio è **in prima linea**[13] quando si comincia a intravedere un **mosaico**.

Tutti **accorrono**[14] e ci sono grida di felicità.

Finalmente! Dopo due anni, il momento arriva!

Il resto della storia è molto veloce: le interviste, gli articoli sui giornali e il rinnovo del contratto a tutti gli archeologi che hanno partecipato allo scavo.

E finalmente arriva il momento – quel momento. È quasi una magia, quando dalla polvere esce qualcosa di antico... Sergio è in prima linea quando si comincia a intravedere un mosaico. Tutti accorrono e ci sono grida di felicità.

Questa è senza dubbio una storia a **lieto fine**[15], ma manca ancora un **tassello**[16]. Solo molto tempo dopo, alla fine dei lavori, hanno ricostruito il mosaico. E cosa **rappresentava**[17]? Una bellissima scena con maschere di teatro!

11 **sentire la mancanza di qc –** jmdn. vermissen
12 **la polvere –** der Staub
13 **in prima linea –** im Spitzenfeld
14 **accorrere –** (herbei)eilen
15 **il lieto fine –** das Happy End
16 **il tassello –** der Dübel
17 **rappresentare –** darstellen

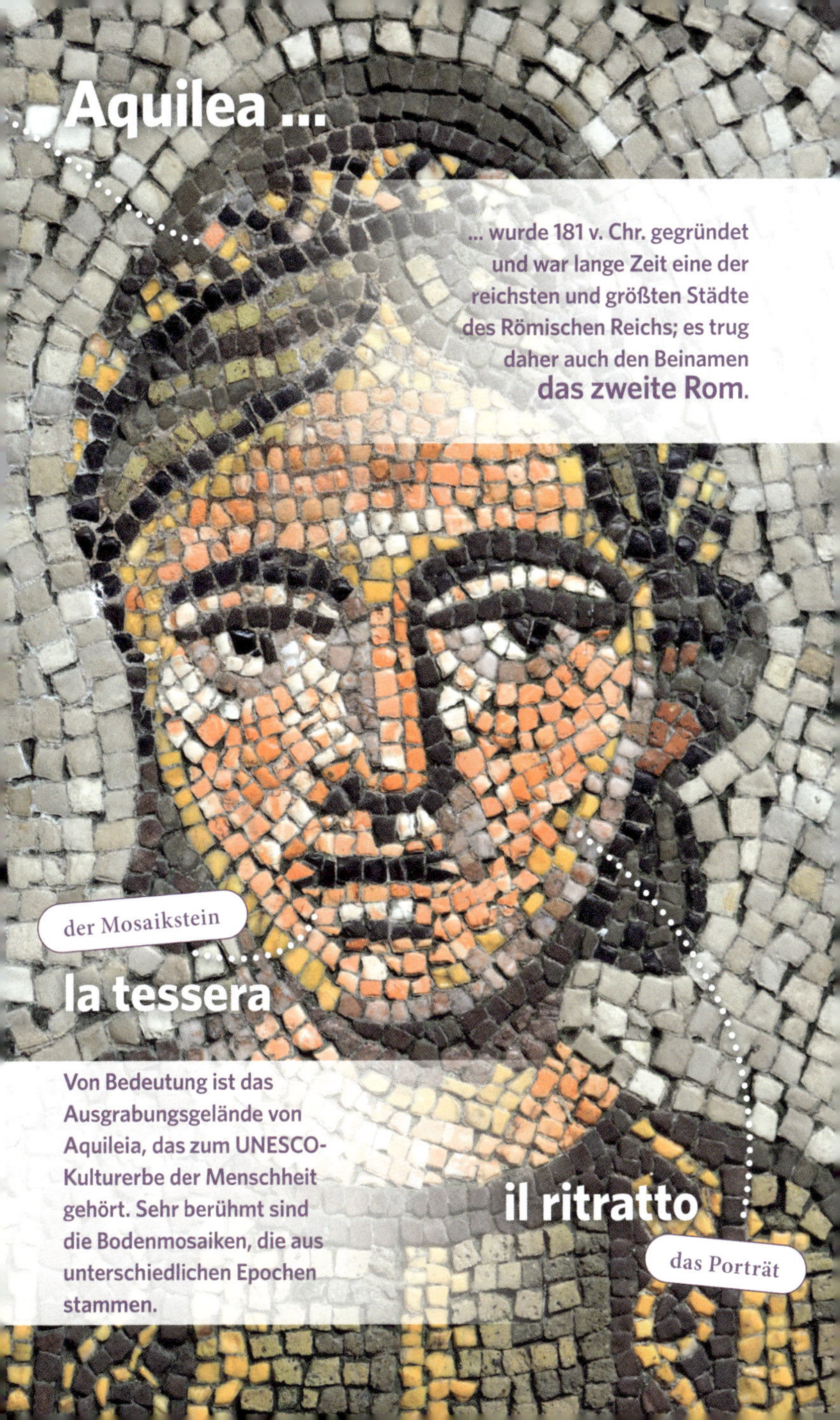

Aquilea ...

... wurde 181 v. Chr. gegründet und war lange Zeit eine der reichsten und größten Städte des Römischen Reichs; es trug daher auch den Beinamen **das zweite Rom**.

der Mosaikstein

la tessera

Von Bedeutung ist das Ausgrabungsgelände von Aquileia, das zum UNESCO-Kulturerbe der Menschheit gehört. Sehr berühmt sind die Bodenmosaiken, die aus unterschiedlichen Epochen stammen.

il ritratto

das Porträt

27 IN BICICLETTA

Luca ha un'unica grande passione: la bicicletta. Luca è magro e un po' curvo, e sembra avere le braccia più lunghe del normale, proprio come un ciclista professionista. I pedali e il **manubrio**[1] hanno disegnato il suo fisico. E come un ciclista, nei fine settimana di primavera e in estate raggiunge le strade di montagna, sulle Alpi, e inizia a pedalare in salita.
Una delle **cime**[2] più impegnative delle Dolomiti si chiama passo "Giau", vicino a Cortina. Percorrendo tutti i suoi **tornanti**[3] si oltrepassano i duemila metri di altezza. È uno dei percorsi più famosi del "Giro d'Italia" con i suoi dieci chilometri in salita. A volte Luca sul tragitto trova delle squadre di ciclisti professionisti che si allenano proprio per il "Giro d'Italia" o il "Tour de France" e prova a tenere il loro ritmo.
Quando arriva in cima, si riposa e osserva il paesaggio. Spesso pensa a quando ha imparato andare sulle due ruote.
Suo padre Andrea lavorava in banca e ogni tre anni si doveva trasferire in un'altra città. Luca ha imparato così ad andare in bicicletta sopra il **lastricato**[4] delle piazze più belle d'Italia: Piazza del Campo, Piazza Ducale, Piazza Unità d'Italia, Piazza Bra. Siena è la città dove Luca ha iniziato a pedalare. Un giorno ha trovato in soggiorno una piccola bici con le rotelle.

Der Giau-Pass ist ein Gebirgspass in 2236 Metern Höhe über dem Meeresspiegel.

Si è seduto sul sellino ed è partito premendo con i piedi sui pedali. Nel giro di qualche mese i genitori di Luca toglievano una rotella, poi anche l'altra. Luca non era ancora molto bravo a mantenersi in **equilibrio**[5]. Per stare tranquilli e non rischiare, Andrea, Clara e il piccolo Luca andavano a fare le prove in Piazza del Campo. Clara e Andrea si mettevano dietro la bicicletta di Luca e tenevano il sellino con la mano.

Piazza del Campo è una delle piazze più belle e più famose d'Italia per la sua forma a **conchiglia**[6] e i suoi palazzi. "Conchiglia" significa che il centro della piazza si trova leggermente più in basso. In questa zona della piazza la pavimentazione è in mattoni rossi disposti **a spina di pesce**[7], ed è suddivisa in nove spicchi in ricordo del "Governo dei nove" che dalla fine del 1200 alla prima metà del 1300 ha governato la città. Nella parte alta della piazza si trova una fonte che ha un nome curioso, "Fonte gaia": quando l'acqua arrivò per la prima volta in questa piazza, la gente di Siena fece una grande festa. Piazza del Campo è famosa anche per il "Palio", la corsa a cavallo che si svolge due volte l'anno, nei mesi di luglio e agosto.

Man überwindet auf ihm knapp 920 Höhenmeter auf 10 Kilometern mit einer Steigung von 9,4 %.

1 **il manubrio** – das Lenkrad
2 **la cima** – der Gipfel
3 **il tornante** – die Kehre
4 **il lastricato** – das Straßenpflaster
5 **l'equilibrio** (m.) – das Gleichgewicht
6 **la conchiglia** – die Muschel
7 **a spina di pesce** – das Fischgrätenmuster

In queste occasioni intorno all'anello della "conchiglia" si prepara un percorso lungo il quale si sfidano i cavalli delle contrade della città. La pista è ricoperta di terra per evitare che i cavalli scivolino all'altezza delle curve. Vince il cavallo che arriva primo dopo tre giri della piazza, anche senza il fantino.

È in Piazza del Campo che Luca ha imparato ad andare in bicicletta senza le rotelle: a furia di scendere e risalire dalla "conchiglia", di cascare e farsi male alle ginocchia. Quando la famiglia di Luca è andata via da Siena, le sue ginocchia non avevano croste.

Dopo Siena, Luca e la sua famiglia hanno vissuto a Vigevano, una città vicino a Milano, in Lombardia.

Anche Vigevano ha una bella piazza: "Piazza Ducale". Questa piazza è stata realizzata verso la fine del 1400. Una vera e propria opera d'arte dell'architettura rinascimentale. Piazza Ducale ha una forma rettangolare, è molto lunga. Sui lati della piazza sorgono dei palazzi e la cattedrale. Il **selciato**[8] della piazza è fatto di **ciottoli**[9] neri e bianchi. Luca ricorda che non è facile andare in bici sopra i ciottoli, il manubrio trema tutto. Ma se uno segue i disegni della piazza può muoversi benissimo a zigzag.

La famiglia di Luca è rimasta a Vigevano per pochi anni.

Poi sono andati a vivere a Trieste, in Friuli Venezia Giulia, e qui si sono fermati.

Con il papà Andrea e la mamma Clara, Luca correva in lungo e in largo per tutta la piazza "Unità d'Italia", un grande spazio che si affaccia sul mare, sul golfo di Trieste. La gente di Trieste è molto orgogliosa nel dire che è la piazza sul mare più grande d'Europa. Si chiama così dopo l'**annessione**[10] della città di Trieste all'Italia, al termine della prima guerra mondiale nel 1918. Per oltre mezzo secolo Trieste è stato uno dei porti più

importanti dell'impero Austro-Ungarico. Dalla piazza poi si accede al "Molo Audace", dal nome del **cacciatorpediniere**[11] "Audace" che il 3 luglio del 1918 attraccò al porto di Trieste per celebrare il grande evento storico.

A Trieste Luca ha cambiato molte biciclette. All'inizio Clara lo teneva ancora per il sellino e gli spiegava la storia di questa città. A Luca piaceva molto il lungo tratto del molo "Audace". Quando i suoi genitori lo portavano in quel posto, Luca non voleva più tornare a casa. Faceva dei lunghi giri in bicicletta e non si stancava mai. Era contento, perché gli sembrava di pedalare in mezzo al mare. Poi la madre di Luca ha smesso di tenere la mano dietro il sellino della bicicletta. Luca è diventato grande.

Oggi Luca vive a Verona, in Veneto. I suoi genitori sono rimasti a Trieste. A modo suo, Luca ha continuato la tradizione di famiglia e ha trovato una città con una bellissima piazza. Piazza Bra è la più grande di Verona, ha una forma quasi circolare e al suo interno si trova un po' tutta la storia della città. Luca a Verona ha conosciuto Anna, una ragazza con dei lunghi capelli castani. Luca e Anna arrivano in piazza Bra con la bicicletta e poi proseguono a piedi. Fanno delle lunghe passeggiate nella zona pedonale. Sulla piazza ci sono molti bar. È molto piacevole stare seduti a un tavolino, a prendere un aperitivo e osservare la grande e famosa Arena di Verona. L'Arena è un anfiteatro di epoca romana realizzato intorno al I secolo dopo Cristo. Al suo interno ogni estate si svolge un'importante stagione lirica con numerosi concerti. Anna da un po' di tempo chiede a Luca di portarla con lui durante le sue gite in bicicletta. Anche lei vuole provare a fare i tornanti del "passo Giau". Luca sorride e pensa che la prossima volta porterà Anna con sé.

8 **il selciato** – das Straßenpflaster
9 **il ciottolo** – der Stein
10 **l'annessione** (f.) – die Angliederung
11 **il cacciatorpediniere** – der Zerstörer

28 L'APE DI FRANCO

Kleintransporter mit drei Rädern des italienischen Herstellers Piaggio

Franco ha quasi 30 anni, un buon carattere e possiede **un'Ape** che è stata di suo nonno Santino, poi di suo padre Salvatore e poi di suo zio Maurizio. Franco accompagna i turisti in giro per Tropea con la sua Ape. Tropea è una piccola città della Calabria, famosa per il suo splendido mare e per delle cipolle rosse molto gustose. Nel dopoguerra l'Ape, un mezzo metà moto e metà veicolo commerciale, era molto diffuso in Italia. Lo usavano un

po' tutti per lavorare. Un operaio edile caricava sul **cassone** i suoi attrezzi, i mattoni e il cemento. Un agricoltore metteva sul cassone i frutti del suo orto. Anche un pasticcere vendeva i suoi dolci con un'Ape. Ancora oggi nell'Italia del sud, l'Ape è una specie di piccolo negozio ambulante: una pescheria, una panetteria, oppure un piccolo taxi, come l'Ape di Franco. La famiglia di Franco è un buon esempio per capire cosa ha significato l'Ape nel mondo del lavoro in Italia. Il nonno di Franco si chiamava Santino e faceva il muratore. Era magro come un'acciuga, ma forte come un leone. Agli inizi del 1900 caricava i suoi attrezzi sulla schiena del mulo e con lui **si arrampicava**[1] per i vicoli della città e arrivava dappertutto. Negli anni cinquanta, ha iniziato a caricare i suoi mattoni sull'Ape che è costata un po' più del mulo, ma non si ammalava e non tirava calci. E aggiungeva Santino: "Decido io quando si parte e quando ci si ferma". L'Ape ha un manubrio come quello di una vespa, tre ruote, una cabina coperta e un cassone abbastanza largo. La cabina ha due piccoli sportelli, ma il guidatore tiene il suo sportello quasi sempre aperto, con il ginocchio che **sporge**[2] verso l'esterno. È difficile capire il perché di questa posizione. Forse dipende dallo spazio ridotto dell'**abitacolo**[3]. Durante la settimana l'Ape di Santino era utilizzata per il lavoro. La domenica bastava un secchio d'acqua per lavare la polvere e pulire tutto. E l'Ape con il suo cassone diventava la "limousine" di famiglia. Santino e la moglie stavano dentro la cabina, dietro, sul cassone, sedevano i figli Salvatore e Maurizio. Non facevano molta strada, solo qualche salita per arrivare fino in chiesa, ma non andavano più a piedi o con il mulo. E questo bastava per dire che i tempi erano cambiati nell'Italia degli anni cinquanta.

Salvatore è il figlio maggiore di Santino e suo figlio si chiama Franco. Salvatore da ragazzo lavorava nella cucina di una **pasticceria**[4]. Ha imparato a fare cannoli, cassate, granite, bignè, babbà e un sacco di altre cose. Non guadagnava abbastanza per un locale tutto suo. Così per quasi dieci anni ha organizzato un piccolo laboratorio dietro la cucina di casa sua. Ha preso l'Ape del padre e ha montato sopra il cassone una specie di scatola con dentro ghiaccio e altre cose. Ha sistemato i dolci sotto una piccola vetrina e ha iniziato a girare per i vicoli di Tropea. Quando si fermava in un posto, suonava un **campanellino**. I primi ad arrivare erano i bambini. Poi le mamme, con il portafoglio sotto il braccio. In inverno Salvatore parcheggiava la sua Ape davanti alle scuole, in estate davanti ai lidi e gli ombrelloni. Nello spazio di una generazione l'Ape di Santino si è trasformata. Da mezzo per trasportare attrezzi e mattoni è diventata una pasticceria mobile. Poi Salvatore ha acquistato un piccolo locale che ha trasformato in una pasticceria tutta sua. Salvatore ha una lunga vetrina con tutti i tipi di dolci. Ha conservato il suo campanellino. È appeso a un bastone accanto alla vetrina, quando un cliente entra e vuole essere servito, suona il campanellino. Salvatore oggi ha una pancia rotonda e un viso sempre sorridente. Quando ha inaugurato la sua pasticceria, ha regalato l'Ape a suo fratello Maurizio. Eravamo all'inizio degli anni ottanta, migliorarsi, era ancora possibile.

die kleine Glocke

Una nuova generazione, sempre la stessa Ape. Maurizio rinnova tutto. Toglie la scatola con il ghiaccio e la vetrina dei dolci, in questo modo recupera tutto lo spazio del cassone. Maurizio coltiva un orto ai piedi di Tropea e l'Ape gli serve per caricare la frutta e la verdura. Con l'Ape si arrampica per le strade della città. Maurizio va piano, ma vende tutto. E le cassette della frutta rimangono in equilibrio l'una sull'altra, non cascano mai. Quando in estate la gente

1 **arrampicarsi** – hochklettern
2 **sporgere** – hinausragen
3 **l'abitacolo** (m.) – der Innenraum
4 **la pasticceria** – die Konditorei

della città si trasferisce a Tropea per trascorrere l'estate, passa dalle loro case. E vende i peperoni e le melanzane. Maurizio ha decorato la sua Ape come un **carretto siciliano**[5], con tanto rosso, giallo e blu e anche alcuni **pennacchi**[6] rossi. Maurizio ha le mani grandi piene di **solchi**[7] come il suo orto. Oggi Maurizio ha un negozio di frutta e verdura e ha acquistato un mezzo più grande al posto dell'Ape che adesso è parcheggiata in garage, tutta impolverata.

Per questo quando Franco ha chiesto se poteva comprarla, Maurizio è stato felice di regalargliela. L'Ape di nonno Santino, acquistata a metà degli anni cinquanta, è ancora utile. E oggi aiuta l'ultima generazione, quella di Franco. E l'Ape cambia ancora. Adesso Franco al posto delle cassette della frutta ha sistemato dei comodi sedili **imbottiti**[8]. Poi ha messo una tendina sul cassone per riparare i suoi clienti dal sole durante i piccoli viaggi per le vie di Tropea.

L' Ape è un mezzo piccolo, agile, ti aiuta ad attraversare i vicoli e le stradine dei paesi.

Se un viaggiatore fa un giro per il sud'Italia, troverà ancora molti veicoli come questi. L'Ape è un mezzo piccolo, agile, ti aiuta ad attraversare i vicoli e le stradine dei paesi. Molto spesso queste piccole città sono state edificate quando ancora non esisteva l'automobile. Solo un cavallo, un asino oppure un carretto riuscivano a passare trai muri delle case. E l'Ape riesce a passare, dove un tempo arrivava solo l'asino. Ormai l'Ape è quasi fuori produzione e in molti sostengono che in Italia è ormai da considerarsi fuori mercato.

L'Ape è però ancora capace di prendersi qualche rivincita.

Quella mattina Franco ha visto un furgone nero, con 9 posti a sedere, trasportare dei turisti dentro la città. Anche lui aveva un appuntamento con un gruppo di turisti nella parte alta della città, dove le strade si stringono sempre di più. Il furgone lo ha sorpassato facilmente e lo ha riempito di polvere. Poco dopo il furgone è rimasto bloccato in mezzo a un vicolo. I turisti erano per terra con i loro bagagli, sotto il sole e sudati. Il tizio del furgone ha chiesto a Franco di dargli una mano. Franco ha caricato tutti i turisti sulla sua Ape e ha raggiunto l'albergo. Per liberare il furgone sono intervenuti i **pompieri**[9]. In molti hanno riso, e forse anche l'Ape di Maurizio che è stata utile a nonno Santino, papà Salvatore e zio Maurizio, si è messa a ridere.

Die **Feuerwehr** heißt in Italien **pompieri** oder **vigili del fuoco**. Man erreicht sie unter der Nummer **115** oder Sie werden über die einheitliche Notrufnummer **112** weitergeleitet.

5 **il carretto siciliano** – der sizilianische Karren (zweirädriger Karren aus Holz mit Verzierungen und Bemalungen)
6 **il pennacchio** – der Federbusch
7 **il solco** – die Furche
8 **imbottito** – gepolstert
9 **il pompiere** – der Feuerwehrmann

29 LA STRADA DEL CHIANTI

Giulio è alto e ha pochi capelli. Vive a Roma. Da qualche tempo vuole diventare sommelier. Sa quasi tutto sulle **viti**, le **cantine** e le migliori **etichette**. Con alcuni amici organizza degli incontri di degustazione il mercoledì sera. Si ritrovano in un ristorante, senza mogli e **fidanzate**[1]. Giulio e i suoi amici sono dei veri esperti. Di ogni cantina conoscono tutto: le **uve**, i metodi di produzione e quelli di conservazione. Alla fine della serata scelgono un vino e organizzano una gita. Di solito cercano una cantina importante, con una bella architettura. In questo li aiuta Paolo.

Paolo non è alto, però ha molti capelli. È un esperto di architettura delle **aziende agricole**[2], sa perfettamente come le opere dell'uomo si possono integrare nel paesaggio, senza rovinarlo. Quando il mercoledì sera inizia la sua lezione, tutti lo ascoltano in silenzio. Paolo però è **astemio**[3], non beve vino né altri alcolici, neanche un bicchiere di birra.

La domenica è il giorno dedicato alla gita. Arturo è l'**autista**[4] del **pulmino** sul quale viaggiano. Anche lui è astemio, ma questa è una cosa molto utile. La sera, durante il viaggio di ritorno, tutto il gruppo è un po' **su di giri**[5].

Sono felici e soprattutto pieni di bottiglie di vino. A volte il gruppo chiama anche una guida **enologica**[6] che li accompagna durante il viaggio.

La gita della prossima domenica è dedicata al "Chianti", uno dei vini toscani più famosi. L'area di produzione va da Siena fino a Firenze. Località come Greve in Chianti, Barberino Val D'Elsa oppure San Casciano in Val di Pesa sono alcuni dei comuni più noti dove si produce questo vino. Per il Chianti si utilizza soprattutto il San Giovese e **vitigni**[7] internazionali come il Cabernet Sauvignon.

Il tour operator questa volta può mandare solo una guida esperta di vini internazionali, una ragazza francese. Per il gruppo non ci sono problemi. Anche per Paolo.

La domenica mattina davanti al pulmino ci sono Arturo, Paolo e Sophie. Paolo sembra molto felice. Sophie ha le gambe lunghe, gli occhi chiari e appena 25 anni. **A differenza**[8] delle altre volte, il gruppo è subito su di giri e inizia a cantare appena Arturo mette in moto. Paolo non **apprezza**[9] e dice: "Li scusi signorina". "Ma siete così simpatici! Dai, cantiamo anche noi", risponde lei con il suo affascinante accento francese. E Paolo canta.

1 **il fidanzato/la fidanzata -** der/die Freund/in
2 **l'azienda** (f.) **agricola -** landwirtschaftlicher Betrieb
3 **l'astemio** (m.) **-** der Abstinenzler
4 **l'autista** (m.) **-** der Fahrer
5 **su di giri** (ugs.) **-** aufgedreht
6 **enologico** (Adj.) **-** weinkundlich
7 **il vitigno -** der Weinstock
8 **a differenza di -** im Gegensatz zu
9 **apprezzare -** würdigen

In Toscana la cantina è così bella che quasi non **si distingue**[10] dalle colline e dalle viti. **È infilata**[11] nel paesaggio come un **tappo di sughero** dentro la bottiglia. Paolo illustra ogni dettaglio architettonico al gruppo. Sophie lo guarda e lo ascolta con attenzione. Dopo un po' il gruppo dice: "Paolo **sbrigati**[12]! Abbiamo fame". La cantina ha organizzato un pranzo per gli ospiti. Paolo continua a parlare solo per Sophie.

La tavola è piena di cose da mangiare e bottiglie di vino rosso. Tutti **si lanciano**[13] sui salumi, sui formaggi e sul vino. Sophie dice a Paolo: "Andiamo, bevi anche tu un **goccio**[14]". Paolo **assaggia**[15] un po' di vino, per la prima volta nella sua vita.

Nel pomeriggio Sophie illustra i vitigni presenti all'interno dell'azienda. Prima quelli tipici del Chianti, dal **Sangiovese** fino al **Colorino**[16]. Poi è la volta dei vitigni internazionali: il Cabernet Sauvignon e il Cabernet Franc. È molto brava e cattura l'attenzione di tutti. Anche il personale della cantina le fa i complimenti.

Finalmente arriva il momento della **degustazione**: Giulio e gli altri annusano il vino e lo assaggiano. Sophie offre un **calice** anche a Paolo, che beve un altro goccio. Giulio ride: "Paolo stasera torna a casa **ubriaco**[17] e **innamorato**!".

E infatti durante il viaggio di ritorno Paolo è felice e canta insieme agli altri. Una volta arrivati a Roma, Arturo accompagna tutti a casa. Paolo è uno dei primi a scendere. Con lui Sophie. Vanno via mano nella mano.
E Giulio: "Avete visto: ubriaco e innamorato!".

verliebt

10 **distinguersi da qc -** sich von etw. unterscheiden
11 **infilare -** stecken
12 **sbrigati! -** beeil dich!
13 **lanciarsi -** (hier:) sich auf etw. stürzen
14 **il goccio -** der Schluck
15 **assaggiare -** nippen
16 **Sangiovese / Colorino -** Weinsorten aus dem Chianti
17 **ubriaco** (Adj.) **-** betrunken

Die Toskana ...

... ist eine Region in Mittelitalien. Bekannt sind ihre hügeligen Landschaften mit Pinien und Zypressen. Ein ganz besonderes Schauspiel bieten aber auch die leuchtenden **Mohnfelder**, die man in dieser Größe kaum anderswo sehen kann.

il papavero – der Klatschmohn

Die **Toskana** ist eine der renommiertesten Weinbauregionen Italiens. Hier wird auf einer Fläche von rund **65.000 Hektar** Wein angebaut.

Eine Spezialität der Toskana sind **Cantuccini**, ein Mandelgebäck aus der Provinz **Prato** in der Nähe von **Florenz**. Sie werden oft mit **Vin Santo**, einem Dessertwein, gegessen, in den sie eingetunkt werden.

la mandorla – die Mandel

inzuppare – eintunken

Ein berühmter Sohn der Toskana ist der Universalgelehrte **Galileo Galilei** (1564 – 1641), der in Pisa geboren wurde. Seine Erkenntnisse über das Sonnensystem, die die damalige Annahme, die Erde sei eine Scheibe, widerlegten, sorgten für Aufruhr und brachten ihn sogar ins Gefängnis.

Ebenso berühmt ist eine andere Gestalt, deren ‚Vater' ebenfalls aus der Toskana stammt: **Pinocchio**. Sein Schöpfer, der Schriftsteller **Carlo Collodi** (eigentlich Carlo Lorenzini), wählte als Pseudonym den Ort seiner Kindheit: **Collodi**.

1881 wurde die erste Geschichte über die Holzfigur mit der langen Nase in einer Kinderzeitschrift veröffentlicht. **Die Abenteuer des Pinocchio** sind heute auf der ganzen Welt bekannt.

30 IL VERO MONTANARO[1]

"Io sono un vero montanaro!", dice Giulio. "Sono nato proprio qui, in mezzo ai **boschi** di **pini**".

"E che cosa vuoi? Un applauso?", risponde Viviana, la cugina.

"No, ma tu non puoi venire qui con gli **scarponcini** della domenica e credere di essere una vera montanara! Sei solo una **sciocca**[2] bambina di città!".

"Mamma! Giulio mi dice sciocca!", si lamenta Viviana.

"Giulio! La montagna è di tutti, anche di chi ci viene solo ogni tanto", lo **rimprovera**[3] la madre. "L'importante è rispettarla!".

"Quei due **litigano**[4] continuamente...", sospira la mamma di Viviana. "Hanno entrambi dieci anni, quasi due gemelli... e invece... sono come cane e gatto!".

Le due mamme sono sorelle, nate nella meravigliosa Val Clavalité, una delle zone più selvatiche e **incontaminate**[5] della Valle d'Aosta, ma una continua a vivere lì, in una splendida **baita** fra le montagne con il marito e il piccolo Giulio, l'altra vive a Torino.

"Andiamo al castello?", propone la mamma di Viviana. "Non ci vado da tanti anni e quando c'è la neve diventa un luogo incantato, è uno dei miei posti preferiti".

"Quale castello?", chiede la figlia. "Il **castello di Fènis**, sciocca!", le risponde il cugino.

"Mamma! Giulio mi dice sciocca!".

"Basta, Giulio!", lo rimprovera ancora la madre. "**Piuttosto**[6] dobbiamo **coprirci bene**[7], oggi è molto freddo. E domani è in arrivo la neve".

Il gruppo decide quindi di andare a fare una passeggiata al meraviglioso castello medievale.

"Sembra una **cartolina**[8], mamma...", sospira Viviana.

"Hai visto che bello?

Con i **merli** innevati, le **torri** alte... Il mio sogno di bambina! Quante storie immaginate qui...", risponde la madre.

"Sembra una cartolina, mamma...", sospira Viviana. "Hai visto che bello? Con i merli innevati, le torri alte... Il mio sogno di bambina! Quante storie immaginate qui...", risponde la madre.

1 **il montanaro** – der Bergbewohner
2 **sciocco** (Adj.) – dumm
3 **rimproverare** – vorwerfen
4 **litigare** – streiten
5 **incontaminato** (Adj.) – unberührt
6 **piuttosto** (Adv.) – eher
7 **coprirsi bene** – sich warm anziehen
8 **la cartolina** – die Postkarte

"Dai, entriamo", dice la sorella. "È molto bello anche dentro...".

A cena tutti scelgono di mangiare la **fonduta**: attorno alla tavola regna la pace e ognuno immerge il proprio **spiedino** nella pentola di formaggio. Si raccontano storie d'infanzia, di progetti futuri e persino Viviana e Giulio sembrano andare d'accordo.

"Quei due non mi **convincono**[9]", dice la mamma di Giulio. "Per tutto il pomeriggio non hanno litigato neanche una volta".

"Hai ragione", sorride la sorella. "Forse si sono calmati un po'... magari crescono... prima o poi".

La mattina dopo, all'**alba**[10], due piccole **ombre**[11] escono di nascosto dalla baita: sono i due cuginetti.

"Veloce, altrimenti ci scoprono!", dice Giulio sottovoce.

"Eccomi, sono pronta", risponde Viviana mentre indossa le **ciaspole**.

"Non sei capace, sciocca... si mettono così, guarda!".

"Se mi chiami di nuovo sciocca, urlo, così ci scoprono e i tuoi genitori si arrabbiano con te", dice Viviana.

Giulio la guarda di traverso, poi sistema le sue ciaspole e quelle della cugina, si gira e si incammina per il bosco.

"Seguimi, così vediamo se sei anche tu una montanara".

Quando gli adulti si svegliano e scoprono che i bambini non sono in casa, il tempo non è bello.
Corrono tutti fuori a cercare nei dintorni.
"Giulio!", gridano. "Viviana!". Ma nessuno risponde, i bambini sono già lontani.
"Che assurdità! Dove sono?", negli occhi della mamma di Giulio c'è il panico. In quelli della sorella il terrore.
Decidono di chiamare il **soccorso alpino**[12] e le ore successive sono le **peggiori**[13] della loro vita.

Intanto nel bosco i bambini sentono il **temporale**[14] arrivare.
"Torniamo indietro?", dice Viviana.
"Hai paura? Lo vedi che sei una sciocca cittadina?".
"Sei tu lo sciocco. Fra poco piove e non mi piace stare in mezzo al bosco, voglio tornare a casa", insiste Viviana.
"Ora torniamo, ma prima voglio mostrarti una cosa: conosco la **tana**[15] di una **marmotta**", risponde Giulio.
"La vediamo un'altra volta, adesso voglio tornare a...", Viviana non finisce la frase e sente un urlo del cugino.
Giulio è dentro un **fosso**[16].

9 **convincere** – überzeugen
10 **l'alba** (f.) – der Sonnenaufgang
11 **l'ombra** (f.) – der Schatten
12 **il soccorso alpino** – die Bergwacht
13 **peggiore** (Adj.) – schlimmste
14 **il temporale** – das Gewitter
15 **la tana** – die Höhle
16 **il fosso** – der Graben

der Schneesturm

"Giulio!", lo chiama la cugina. "Giulio, stai bene? Giulio, rispondi!".

Quando l'auto della **guardia forestale**[17] arriva alla baita, c'è quasi una **tempesta di neve**. In casa le due famiglie sono disperate. Dall'auto scendono due persone che aiutano Viviana, **avvolta**[18] in una coperta pesante, a camminare fino alla porta. Le famiglie abbracciano la bambina tra le lacrime.

"Ma Giulio? Giulio dov'è?", chiede la mamma.

"Purtroppo il bambino ha bisogno di un **gesso**[19], ha una piccola **frattura**[20] al braccio. Adesso è in ospedale, potete raggiungerlo appena finisce la tempesta", risponde la guardia forestale.

Le famiglie ringraziano e portano la bambina in casa.

Viviana racconta quello che è successo: la caduta di Giulio, il suo silenzio, la paura. E poi la tempesta di neve, il **risveglio**[21] di Giulio, i tentativi di tirarlo fuori dal fosso e finalmente l'arrivo dei soccorsi.

La bambina non riesce a trattenere le lacrime: è l'esperienza più forte della sua vita.

Purtroppo le famiglie devono aspettare la mattina dopo per andare da Giulio. Lì, nella stanza d'ospedale, ci sono due guardie forestali, sono con lui dalla sera prima.
Il bambino è tranquillo adesso, ma **piange a dirotto**[22] e chiede scusa quando i suoi genitori lo abbracciano.
"Noi andiamo via", dice una guardia. "Per fortuna, è andato tutto bene, ma questo deve insegnarvi che non si scherza con la montagna".
I bambini **abbassano**[23] gli occhi.
L'altra guardia forestale continua: "Però è importante dire una cosa: Viviana è una bambina **coraggiosa**[24]. Senza di lei, Giulio... non ci pensiamo adesso, ma..." e tira fuori dalla tasca una piccola medaglia e la consegna alla bambina.
Sulla medaglia c'è scritto: "Vera montanara".
Allora tutti battono le mani, tranne Giulio... ma solo perché ha il braccio **ingessato**.

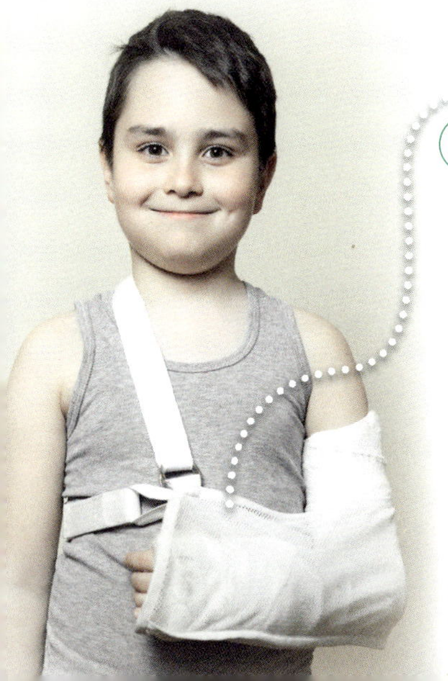

eingegipst

17 **la guardia forestale** - der Förster
18 **avvolto** (Adj.) - gewickelt
19 **il gesso** - der Gips
20 **la frattura** - der Bruch
21 **il risveglio** - das Aufwachen
22 **piangere a dirotto** - sich die Augen ausweinen
23 **abbassare** - senken
24 **coraggioso** (Adj.) - mutig

31 LECCE-AREZZO SOLO ANDATA

La scuola è finita da una settimana e finalmente le giornate sono vuote e lente. Amedeo può finalmente svegliarsi a mezzogiorno, uscire a tutte le ore e passare la notte a leggere, guardare film e chattare con gli amici su whatsapp. I genitori lavorano tutto il giorno, non ha fratelli e l'unica **incombenza**[1] che ha è scaldare nel microonde qualcosa da mangiare. Sente finalmente di essere libero, a diciassette anni è un grande **traguardo**[2].

Presto, però, percepisce l'arrivo di una sventura. L'ha sentita nel tono di voce preoccupato di sua madre, una sera a cena: "Amedeo, tesoro, così non va bene. Non puoi buttare via l'estate in questo modo".

Amedeo non è un tipo di molte parole e soprattutto non ne trova un granché quando si tratta dei suoi genitori.

Tace. La madre continua: "**Ciondoli** tutto il giorno senza concludere niente, Dio solo sa a che ora ti alzi. Stamattina ti ho telefonato un sacco di volte e non mi hai risposto fino alle due". "Ero andato in biblioteca", inventa Amedeo, senza però sembrare molto convincente.

"Io e papà abbiamo avuto un'idea", ribatte la mamma. Ecco quello che Amedeo teme di più al mondo:

le idee di sua madre. Papà di solito non c'entra niente, è una vittima anche lui. In genere le idee di sua madre diventano una grande fatica fisica, una colossale **figuraccia**[3] o qualcosa di insopportabilmente noioso.

Oppure, peggio, tutte e tre le cose messe insieme. "Mamma, non ho bisogno di idee, voglio solo riposarmi", cerca di dire debolmente.

E infatti: "Io ne ero certa: vuoi riposarti! E hai ragione, dopo un anno di scuola così impegnativo! Per questo ho organizzato tutto! Qui sei costretto anche a farti da mangiare, povero amore mio", il tono della mamma è un tantino troppo **melenso**[4] per essere totalmente sincero: "Ho parlato con Zia Giada, puoi andare ad Arezzo da loro, c'è anche Angela che è tanto brava lei, fa tante cose, è sempre impegnata con la parrocchia e potete farvi compagnia".

Ecco la sventura, come previsto.

Zia Giada in realtà non è una zia, ma una delle migliori amiche di sua madre. L'ultima volta che Amedeo ha visto la figlia Angela, sua **coetanea**[5], è stato tre anni fa: lei era una ragazzina grassottella, piena di **brufoli**, che non smetteva un attimo di parlare. Lui invece era ancora un bambino cresciuto biondo e angelico, abbastanza silenzioso. Lei aveva fatto di tutto per stare sempre con lui. Era chiaramente innamorata di lui. Lui l'aveva respinta in tutti i modi. Voleva starsene per i fatti suoi. Si erano salutati nel più profondo imbarazzo, sperando entrambi di non

il brufolo

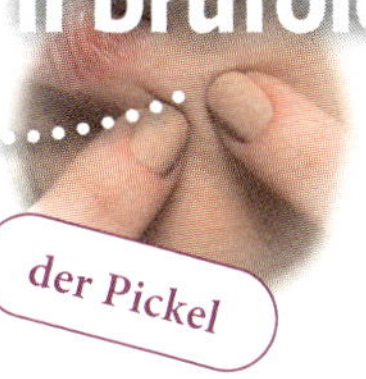

der Pickel

1 **l'incombenza** (f.) – die Aufgabe
2 **il traguardo** – das Ziel
3 **la figuraccia** – die Blamage
4 **melenso** – albern
5 **il coetaneo** – der Altersgenosse

rivedersi mai più. Adesso Amedeo è anche nel pieno della sua crisi estetica: improvvisamente il suo naso è diventato enorme e non ha ancora imparato a essere così alto senza muoversi in modo strano.
"Ma che compagnia? Mamma, io Angela non la sopporto. Non abbiamo niente in comune", si oppone Amedeo.
"Va bene allora starai da loro solo una settimana. Vorrà dire che cambierò il biglietto di ritorno".
"Mamma, ma hai già fatto i biglietti?".

"Ma sì, lo so che in fondo in fondo sei contento. Parti domani sera così ti trovi anche con il Saracino. Ti ci abbiamo portato una volta quando eri piccolo e ti è piaciuto molto. Vedrai, sarà una bella vacanza!".

Niente, non c'è possibilità di tenerle testa. Con lo stato d'animo di chi affronta il **patibolo**[6], Amedeo prepara un borsone e prende il suo autobus notturno Lecce-Arezzo.

In effetti l'idea del Saracino non è poi così orribile. Almeno quello! Si tratta di una **Giostra Medievale**[7] con cavalli, combattimenti e costumi storici. Ha anche un vago ricordo del professore di italiano che ne parlava mentre commentava l'Inferno di Dante Alighieri. Il Saracino ricorda l'opposizione della Chiesa d'Occidente all'avanzata Orientale. Alla Giostra si sfidano i quattro quartieri di Arezzo: Porta Crucifera, Porta del Foro, Porta Sant'Andrea e Porta Santo Spirito. I partecipanti, tutti in costume medievale, giungono in Piazza Grande, guidati da un corteo di **sbandieratori** e dal rullo dei tamburi e lo squillo delle trombe. Al centro della piazza è posizionato un **fantoccio**[8] che rappresenta il Re delle Indie, ossia il Saracino, che dà, appunto, il nome all'evento. Il Saracino è armato di una frusta e tiene dall'altra parte uno scudo. Il giostratore di ogni quartiere, in sella al suo cavallo, deve battersi con il Saracino e riuscire a colpire con la lancia da giostra il suo scudo, senza ricevere colpi dal flagello.

6 **il patibolo** – der Galgen
7 **la giostra medievale** – das mittelalterliche Turnier
8 **il fantoccio** – die Puppe

È appena mattina quando Amedeo scende dall'autobus, al capolinea in pieno centro, assonnato e scompigliato. Ha ricordi vaghi di Arezzo, rammenta tutti i mercatini di antiquariato nei quali la madre lo aveva trascinato, e il lungo Corso Italia, pieno di negozi e vetrine, che aveva sempre percorso contro voglia da bambino. Poi ricorda che ad Arezzo era nato Piero della Francesca, noto pittore e matematico. Questa è la prima volta che riesce a visitare una città da solo, gli sembra una bella prospettiva. Si guarda intorno. C'è una **quiete**[9] assolata, quasi magica. Il tempo sembra fermo al 1500. Le strade sono addobbate con bandiere medievali, dai balconi **pendono**[10] nastri colorati che arrivano fino alla strada.

La voce è proprio quella di Angela, ma la ragazza che gli viene incontro è una visione celestiale.

Aspetta alla fermata, qualcuno verrà a prenderlo, ma non gli sembra di riconoscere né Zia Giada o il marito, né tanto meno Angela. Si sente a disagio. Ripensa a sua madre e alza gli occhi al cielo.
Poi si sente chiamare: "Amedeo, sei tu?".
La voce è proprio quella di Angela, ma la ragazza che gli viene incontro è una visione **celestiale**[11].

Amedeo sente un vuoto alla bocca dello stomaco, abbassa lo sguardo. Vuole fuggire. Non c'è tempo. Lei gli è davanti. "Amedeo! E chi ti riconosceva? Ben arrivato! Dai, vieni, ci aspettano per i preparativi. Ho trovato un costume anche per te, sai? Stasera c'è la Giostra, ma prima dobbiamo andare a lasciare il tuo bagaglio a casa e poi correre a ritirare i costumi. Poi ci prepariamo per la sfilata. Parte da Palazzo dei Priori. Ti va, no? Di partecipare alla sfilata in costume medievale? Non dirmi che ti vergogni, vedrai che non ti riconosce nessuno", è proprio Angela, parla come un tempo. "Lo sai, no? Noi si tifa per Santo Spirito. Mi raccomando, non fare battute, non ti sbagliare: anche tu devi tenere per Santo Spirito. Poi si va a Piazza San Jacopo per la benedizione del parroco e subito dopo al sagrato della Cattedrale per quella del Vescovo...". Amedeo è totalmente travolto da Angela, non soltanto dalle sue parole. Cerca di stare dietro il suo passo svelto e intanto fra sé e sé spera che sua madre non abbia ancora cambiato il biglietto di ritorno.
Arezzo merita davvero una lunga vacanza!

9 **la quiete -** die Ruhe
10 **pendere -** hängen
11 **celestiale -** himmlisch

32 AURELIA

Nei primi anni Sessanta mio nonno era un uomo ricco. Viveva a Roma, dove costruiva case ed edifici nuovi. Aveva anche una villa per le vacanze a Santa Marinella, una piccola **località balneare**[1] distante quasi sessanta chilometri da Roma. Una villa sul mare con il giardino dove per anni ho passato le vacanze con la mia famiglia. L'altro giorno ho trovato una foto dentro un **cassetto**[2]. Nella fotografia ci sono io seduto sul cofano di una macchina cabrio. Accanto si vede il nonno con un vestito elegante: sotto c'è scritto "Santa Marinella, estate del 1962". Ricordo ancora quell'auto, una "Lancia Aurelia B24" bianca, una macchina che per mio nonno voleva dire estate e riposo. E per me gite in automobile, corse, nuotate e tante risate. Con l'Aurelia partivamo da Roma e andavamo al mare a Santa Marinella. A bordo dell'Aurelia ho perso non so quanti berretti. Nelle calde giornate di luglio mia madre mi infilava sulla testa questi cappelli bianchi, spesso bagnati, per proteggermi dal sole. Ma appena mio nonno partiva con la sua spider il cappello volava via. Mia madre diceva "Ecco, ora Marcellino si prende un'**insolazione**[3]!" Mio nonno si metteva a ridere. Era simpatico il nonno e io impazzivo per quella macchina. La macchina si chiamava come la strada Aurelia,

una delle più importanti d'Italia: la strada statale numero 1 (sulle carte stradali la si trova indicata come la SS1). Tutti la chiamano semplicemente Aurelia.
Lungo i suoi chilometri trovi la storia antica e lo **sviluppo economico**[4] del paese. Ma forse il nome più corretto è: **Via Aurelia**. L'Aurelia, infatti, è una via di comunicazione costruita dai romani nel terzo secolo avanti Cristo. All'inizio collegava Roma a Cerveteri e man mano che gli antichi romani conquistavano un nuovo territorio, la strada si allungava. Sono arrivati fino ad Arles, in Francia.
Con il nonno e la mamma partivamo dal centro di Roma e percorrevamo l'Aurelia fino alla villa al mare. Il nonno spesso mi diceva: "Qualche volta invece di fermarci a Santa Marinella andiamo fino in Francia". L'Aurelia attraversa il Lazio, la Toscana e la Liguria, sempre vicino al mare Tirreno. Quando ti allontanavi dal mare, il paesaggio cambiava e scoprivi un pezzo nuovo, i terreni coltivati, le piccole città come Capalbio, Castiglioncello. Per il nonno era la strada che portava al mare dopo una settimana di lavoro. Una strada caotica nei pressi di Roma, che poi, usciti dalla città, diventava più larga.

1 **la località balneare –** der Badeort
2 **il cassetto –** die Schublade
3 **l'insolazione** (f.) **–** der Sonnenstich
4 **lo sviluppo economico –** das wirtschaftliche Wachstum

Mi ha detto: "Sai perché il nonno ha venduto l'Aurelia?".

Quando il traffico **si diradava**[5], il nonno iniziava a correre e la mamma diceva: "Tieni stretto il cappello!". E subito dopo il berretto volava via. Un giorno il nonno ha venduto la macchina e io non ho mai capito bene perché. Quando chiedevo, lui mi rispondeva: "Le macchine si cambiano ogni due anni". Nessuna macchina è stata divertente come quella.
Oggi ho scoperto una cosa. Ho fatto vedere la foto alla mamma. Le ho chiesto se si ricordava della macchina. Mi ha detto: "Sai perché il nonno ha venduto l'Aurelia?". Per me è stato come scoprire un mistero lungo quarant'anni: "No, perché?". "Per colpa del film del regista Dino Risi".
La pellicola cui si riferiva mia madre si intitola "Il Sorpasso", è uno dei film che raccontano meglio l'Italia del dopoguerra e il suo boom economico.
È un film che ha avuto un grandissimo successo anche all'estero e negli Stati Uniti. Siamo nel 1962, due uomini a bordo di un'automobile **tale e quale**[6] quella del nonno viaggiano lungo l'Aurelia. I protagonisti sono due grandi attori, Vittorio Gasman e Jean Luis Trintignant, e attraversano i luoghi di villeggiatura che per anni abbiamo attraversato

anche noi. Solo che noi ci fermavamo a Santa Marinella. I protagonisti del film no, continuano la loro corsa in auto e alla fine **vanno a sbattere**[7]. Il nonno ha capito subito cosa voleva dire il film. Il personaggio di Gasman rappresentava un italiano **fanfarone**[8], bugiardo, un tipo di uomo che pian piano, anche nella realtà, è diventato una figura tipica dell'Italia di quegli anni. Il nonno non si riconosceva in quel ritratto. Lui non era un **cialtrone**[9], un bugiardo, un opportunista. Lavorava sodo e sentiva di aver **contribuito**[10] a migliorare il paese. Non sentiva di appartenere a quelli che rischiavano di andare a sbattere. Ma aveva troppe cose in comune con quel protagonista: percorreva la stessa strada, l'Aurelia, a tutta velocità e con la stessa macchina: l'Aurelia B24. Per questo ha deciso di vendere la spider. E la foto con la scritta: "Santa Marinella, estate del 1962" è l'ultima foto della "Lancia Aurelia" del nonno.

5 **diradarsi** – sich auflösen
6 **tale e quale** – identisch
7 **andare a sbattere** – einen Unfall bauen
8 **fanfarone** – der Angeber
9 **il cialtrone** – der Taugenichts
10 **contribuire a qc** – zu etw. beitragen

33 COSTRUIRE NUOVI RICORDI

Con Arturo **è finita**[1]. Due giorni fa mi ha detto che non mi ama più: ha fatto i bagagli e ha lasciato la nostra casa.
Mi ha detto: "Vado via da Ancona per un po'. Non mi cercare". Io non ho detto una parola. L'ho guardato per tutto il tempo; ha **piegato**[2] le camicie, le ha messe in valigia, poi ha preso qualche asciugamano, tutta la sua biancheria. Io non ho detto niente.
Ha svuotato il mobile del bagno delle sue cose, poi ha guardato a lungo il quadro del salone che abbiamo comprato al **mercato dell'antiquariato**[3] di Urbino, durante uno dei nostri weekend fuori città. Ha sussurrato qualcosa, non ho sentito, ma non ho chiesto: "Scusa, cosa hai detto?". Sono rimasta in silenzio.
Quando è uscito, sono andata in camera da letto, ho tolto le lenzuola e le ho messe nella lavatrice. Poi sono andata in cucina, ho aperto il frigo e ho buttato nella **spazzatura**[4] tutti i suoi yogurt di soia che odio. Ho versato nel lavandino i suoi succhi di frutta. Poi in salone ho guardato il quadro e finalmente **ho pianto a dirotto**[5].

Ho pianto tutto il giorno. Non è un modo di dire: quando mi ha chiamato Lisa era buio e ho risposto con la voce **roca**[6].

"Ciao, Gaia, tutto bene?", mi chiede subito.

"Arturo è andato via", le rispondo.

"Via? **Nel senso che**[7]...", dice.

"Nel senso che è finita".

Silenzio.

"Bene, allora c'è solo una cosa da fare", riprende lei.

"Cosa? Morire in una vasca da bagno?", chiedo sarcastica.

"No, costruire nuovi ricordi", mi dice lei.

"Che cosa significa?", sono **infastidita**[8].

"Significa che vengo a prenderti domattina presto", dice in fretta e chiude la telefonata.

Lisa è la mia migliore amica, sa tutto di me, mi conosce perfettamente, ma certe volte non la sopporto.

Però ho pianto troppo e forse prendere un po' d'aria mi può aiutare.

1 **è finita** - es ist aus
2 **piegare** - falten
3 **il mercato dell'antiquariato** (m.) - der Antikmarkt
4 **la spazzatura** - der Müll
5 **piangere a dirotto** - sich die Augen ausweinen
6 **roco** (Adj.) - heiser
7 **nel senso che...** - in dem Sinn, dass ...
8 **infastidito** (Adj.) - verärgert

"Dove andiamo?", chiedo, mentre Lisa guida l'auto fuori Ancona.
"Al vostro primo appuntamento", risponde lei.
"Ma cosa dici?", comincio a innervosirmi.
"Torniamo alle **grotte di Frasassi** e costruiamo nuovi ricordi". È questo che significa, allora!
"Non mi piace. Voglio conservare i miei ricordi con lui e non tornare mai più alle grotte!", dico **tutto d'un fiato**[9], mentre cerco di trattenere le lacrime.
"Allora non devi andare più in nessun posto delle Marche, in nessun posto d'Italia!". Poi continua: "È una **terapia d'urto**[10], ma funziona. E poi, parliamoci chiaro: Arturo non ti **merita**[11]. Non è l'uomo che fa per te. Con quella mania di partire, il suo bisogno di solitudine... non mi ha mai convinto!".
Sono arrabbiata, ma Lisa ha ragione.
Quando arriviamo alle grotte **ho un groppo alla gola**[12]. Qui siamo venuti per il primo appuntamento, ancora ricordo l'emozione della passeggiata tra **stalattiti** e **stalagmiti**, il laghetto cristallizzato, le finte cascate... Ricordo la mia mano nella sua, il freddo **umido**[13] **sottoterra** ... la voglia di stare vicini.

Intanto Lisa paga l'ingresso, mi prende sotto braccio e mi trascina dentro. C'è una guida che parla e racconta, ascolto la storia di questo posto, a differenza dell'altra volta. Interessante e suggestiva. Mi sembra di vedere le grotte per la prima volta: che magia qui dentro.

"Dai, ora andiamo al mare", dice lei alla fine della visita.

"No, voglio tornare a casa", rispondo.

"Dopo pranzo ti riporto a casa. Ho prenotato in quel ristorantino a Sirolo!".

Non rispondo, ho capito dove vuole andare. Io e Arturo ci siamo stati un milione di volte, si mangia benissimo e ha una vista sul mare molto romantica.

In macchina parliamo di concerti, amici, idee per le vacanze dell'estate prossima. Ogni tanto arriva un po' di tristezza, ma Lisa è proprio una cara amica, solare e simpatica, riesce persino a farmi sorridere.

flache, spaghettiähnliche Nudelsorte

Il pranzo è buonissimo, io prendo pesce ai ferri, lei delle **linguine** ai **frutti di mare**[14] e intanto continuiamo a chiacchierare. E poi beviamo qualche bicchiere di vino bianco e iniziamo anche a ridere **di gusto**[15].

Per la prima volta, da quando Arturo è andato via, mi sento più leggera.

9 **tutto d'un fiato -** in einem Atemzug
10 **la terapia d'urto -** die Schocktherapie
11 **meritare -** verdienen
12 **avere un groppo alla gola -** einen Kloß im Hals haben
13 **umido** (Adj.) **-** feucht
14 **i frutti di mare** (Pl.) **-** die Meeresfrüchte
15 **di gusto -** lustvoll

Per **smaltire**[16] il vino andiamo a fare una passeggiata in spiaggia: fuori stagione è ancora più affascinante camminare sulla sabbia, con il mare da una parte e il **Conero imponente**[17] dall'altra.

"Grazie, Lisa", dico sottovoce.

Lei mi abbraccia forte: "L'amore va e viene, ma l'amicizia è per sempre".

E noi restiamo così per qualche minuto, mentre il mare pulisce le nostre **orme**[18] sul **bagnasciuga**.

"Dobbiamo fare un'ultima **tappa**[19]", dico io. "Torniamo ad Ancona".

"Grazie, Lisa", dico sottovoce. Lei mi abbraccia forte: "L'amore va e viene, ma l'amicizia è per sempre". E noi restiamo così per qualche minuto, mentre il mare pulisce le nostre orme sul bagnasciuga.

E così ci troviamo lungo il viale della Vittoria fino alla spiaggia del **Passetto**.
Qui io e Arturo ci siamo baciati la prima volta, non molto originale per un'**anconetana**[20], ma per me è stato l'unico primo bacio al Passetto.
"Dai, scendiamo", prendo Lisa per mano.
E mentre facciamo le scale, **prendo una storta**[21], scivolo e trascino giù per i gradini anche Lisa.
Finiamo tutte e due con il **sedere**[22] per terra!
Ci guardiamo per capire se ci siamo fatte male, ma dopo un attimo scoppiamo a ridere.
Sì, la vita va avanti e non è difficile costruire nuovi ricordi quando si ha un'amica fantastica come la mia!

16 **smaltire** – verdauen
17 **imponente** (Adj.) – stattlich
18 **l'orma** (f.) – die Fußspur
19 **la tappa** – der Streckenabschnitt
20 **l'anconetana** – die Anconerin
21 **prendere una storta** – sich verstauchen
22 **il sedere** – das Gesäß

Ancona …

… ist eine Hafenstadt mit rund 100.000 Einwohnern. Sie liegt an der italienischen Adriaküste. Der Name stammt übrigens aus dem Griechischen und bedeutet Ellbogen!

In Ancona befindet sich, neben Venedig und Bari, einer der wichtigsten **Fährhäfen** über die Adria. Von hier kann man nach Griechenland reisen.

Eine Spezialität Anconas ist **brodetto**, eine reichhaltige Fischsuppe, mit mindestens neun verschiedenen Sorten Fisch. Nur zu empfehlen und sehr köstlich!

Eine sehr interessante Architektur besitzt das fünfeckige **Lazzaretto**, das 1732 von **Luigi Vanvitelli** erbaut wurde. Es diente früher dazu, das dort stationierte Militär vor Seuchen zu schützen, die von den Schiffen eingeschleppt wurden. In späteren Jahren diente es als Lazarett und schließlich als Kaserne.

34 IL FRUTTIVENDOLO DI CAMPO DE' FIORI

Renzo è un uomo robusto e gioviale, ha settant'anni e fa il fruttivendolo. Campo de' Fiori è come casa sua. Il suo banco di frutta è uno di quelli storici, appartenuto al padre e al nonno. Già a sei anni, portava le buste della spesa per le donne più ricche sperando in una **mancia**[1].

A volte si fa prendere dalla nostalgia, perché quando parla di Roma, parla di un amore profondo.

A scuola ci è andato poco, ma ha imparato presto a fare i conti ed è **diventato custode**[2] di tante storie avvenute in quella piazza grande e famosa, conosciuta in tutto il mondo. Renzo parla con tutti, con gli abitanti del quartiere che sono cresciuti con lui, con i passanti che si fermano a curiosare, con i turisti che tutti i giorni **affollano**[3] la piazza. E lui racconta, racconta, certe volte inventa ma è un piacere stare ad ascoltarlo, perché dietro le storie c'è il suo sguardo innamorato.

A volte si fa prendere dalla **nostalgia**[4] perché quando parla di Roma, parla di un amore profondo. Roma, lui l'ha vista povera eppure maestosa, prima delle auto, del traffico, del caos. Poi pesa un chilo di arance e ricomincia a chiacchierare gioioso.

Al centro di Campo de' Fiori c'è un mercato vivace. Ci sono banchi di frutta, verdura e fiori. Si trovano spezie, formaggi, salumi, pasta fresca, ma anche ogni tipo di souvenir. La piazza è anche piena di tavolini da bar, dove abitanti del quartiere e turisti si confondono per prendere un caffè all'aperto, al sole tiepido anche d'inverno.

Renzo non perde occasioni di attirare l'attenzione dei passanti non soltanto per mostrare la sua merce, ma anche per avere l'opportunità di chiacchierare.

Spesso ai turisti chiede se sanno perché la piazza si chiama proprio "Campo de' Fiori". E tutti si guardano intorno, indicano i vari banchi colorati che vendono piante e fiori freschi e dicono: "Ma è facile: forse un tempo qui si vendevano solo fiori".

"Eh, no!", dice lui, soddisfatto della risposta sbagliata che gli dà modo di iniziare a raccontare. "Prima qua non c'era proprio il mercato! Prima di mio padre, di mio nonno, ancora prima, fino al Quattrocento, tutto questo non c'era: vedevi solo verde, **campi**[5] fioriti e orti coltivati. Questa è l'origine del nome.".

"E poi? Cos'è successo poi?", chiedono le persone che lo ascoltano.

"Siccome nel quartiere qui vicino abitavano molti nobili in palazzi e residenze mera-

1 **la mancia** - das Trinkgeld
2 **diventare custode** - in sich verwahren
3 **affollare** - füllen
4 **la nostalgia** - die Sehnsucht
5 **il campo** - die Wiese

vigliose e a qualche **isolato**[6] da qui c'erano pure i Banchi Vecchi, dove si faceva credito, la zona diventava piano piano sempre più importante. Oltretutto, da Campo de' Fiori si passava per andare al Vaticano. Quindi a un certo punto un Papa ha fatto lastricare tutta la piazza coi **sampietrini**[7],

proprio questi che abbiamo oggi sotto i piedi. Ai signori le comodità piacciono, e così hanno continuato a costruire palazzi e residenze e a venire ad abitare proprio qui attorno. La piazza è diventata quindi sempre più importante, al centro di tanta ricchezza. Ancora non c'era un vero e proprio mercato, ma si dice che due volte a settimana, proprio qui, si potevano comprare i migliori cavalli del mondo. E poi hanno aperto locande, alberghi e botteghe di artigiani".

"Ma ce ne sono ancora di quelle antiche locande?", gli chiede una ragazza con la macchina fotografica al collo.

"Voltati, guarda dritto davanti a te: che

vedi?", dice Renzo mentre sposta due cassette di legno cariche di mandarini.
"Che vedo?", gli fa eco la giovane.
"Vicolo del Gallo. Là ci sta il FORNO più antico di Roma. Ci hanno mangiato tanti personaggi famosi, pure Rossini". Intanto continua a pesare frutta e riempire sacchetti, fischiettando "Il Barbiere di Siviglia", l'opera di Gioacchino Rossini, composta proprio in Via dei Leutari, a pochi passi dal banco di Renzo a Campo de' Fiori. Poi prosegue: "A questo forno ci andava persino una famosa amante di un Papa, la madre di Lucrezia e Cesare Borgia, Donna Vannozza de' Catanei. Le signorine presenti si chiuderanno le orecchie se vi dico che la Vannozza aveva proprio in Vicolo del Gallo una di quelle case allegre, la Locanda della Vacca, molto frequentata dagli uomini che si intrattenevano con le ragazze al servizio di Vannozza", conclude abbassando la voce quanto possibile.
A quasi tutti scappa una risata ma

il forno – die Backstube, die Bäckerei

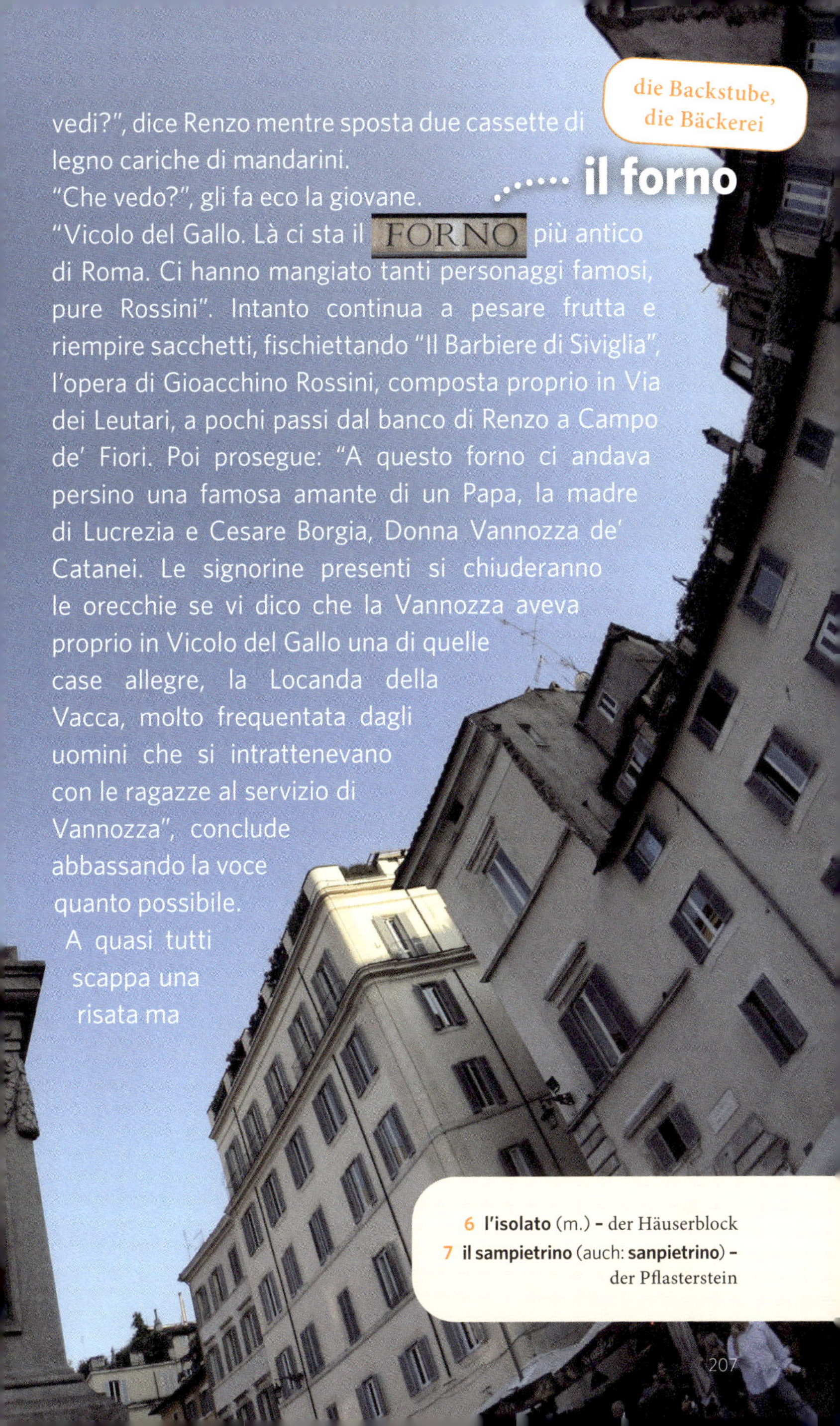

6 **l'isolato** (m.) – der Häuserblock
7 **il sampietrino** (auch: **sanpietrino**) – der Pflasterstein

Renzo riprende con il suo tono **spigliato**[8]: "A chi tocca? Prego Signora, assaggi quest'uva, dolce dolce!".

Un altro cliente si intromette: "Renzo, mentre mi prepari due chili di patate e un po' d'insalata mi spieghi che c'entra la statua di Giordano Bruno qua in mezzo alla piazza?".

"Quante ne volete sapere stamattina!", sbuffa Renzo **platealmente**[9], ma subito comincia a raccontare, perché in fondo non aspetta altro.

"Dovete sapere che per tanto tempo in questa piazza sono avvenute molte esecuzioni e in particolare, nel 1600 preciso preciso, Giordano Bruno, che era un prete e un poeta, è stato condannato per eresia, è stato bruciato vivo. Poi però se ne sono accorti che avevano commesso una **stupidaggine**[10] e al poveretto gli hanno fatto la statua. Ogni notte qua diventa un manicomio: è pieno di ragazzi, una confusione! Tutta la piazza e le viuzze qua intorno sono piene di locali e i ragazzi vengono qui a divertirsi, si siedono su quella fontana, sui gradini dei portoni, stanno attorno alla statua, bevono, fumano, cantano e **se la spassano**[11]. Ma poi arriva il giorno e la piazza si riempie

di nuovo di tutti questi bei banchi! I tavolini dei bar si riempiono lentamente di persone che si fermano a bere un cappuccino e danno un'occhiata al giornale. Verso le 9 arrivano poi le prime comitive di turisti. Si guardano intorno, scattano le fotografie, commentano e alcuni vengono da me a fare rifornimento di frutta per la giornata. Facce che vedo una volta sola nella mia vita e io me le ricordo tutte."

"Renzo, dammi un chilo di mele, che devo scappare!", gli chiede una signora di mezz'età con evidente **confidenza**[12].

"Ecco, Mariolina, queste te le offro io e buona giornata!", dice con affetto. Poi continua, parlando tra sé e sé: "Che voi passate, prendete quello che vi occorre e ve ne scappate. Ma io da qua non mi muovo, io sono Renzo **er fruttarolo**[13] di Campo de' Fiori".

8 **spigliato** – burschikos
9 **platealmente** – theatralisch
10 **la stupidaggine** – die Dummheit
11 **spassarsela** – sich amüsieren
12 **la confidenza** – die Vertraulichkeit
13 **er fruttarolo (römisch), il fruttivendolo** – der Obst- und Gemüseverkäufer

35 FULVIA E IO

Ho un modo tutto mio di tenere un **diario***. L'ho imparato da mia mamma: ogni giorno scelgo tre fatti da raccontare, solo tre. Lei dice che questo* **mi permette**[1] *di ricordare, ma soprattutto di meditare sulla giornata appena trascorsa: "Ti concentri su poche cose e* **lasci andare**[2] *tutto il resto". A me piace avere un* **taccuino**[3]*, proprio come un* **esploratore**[4] *e... sì, mi piace scrivere, ma mi stanco subito: in questo modo invece lo faccio tutti i giorni senza fatica.*

Roma, 17 aprile 2019

- Mio padre e mia madre discutono sempre.
- Oggi è stato l'ultimo giorno di scuola: iniziano le vacanze di Pasqua!
- La mamma ha preparato la mia valigia, mi ha detto: "**Mi raccomando**[5], cambia ogni giorno le mutande, obbedisci ai nonni e **divertiti**[6]". I genitori sono proprio stupidi a volte... Come può essere divertente "cambiarsi le mutande" e "obbedire ai nonni"?

Pescasseroli, 18 aprile 2019

- La mamma mi ha accompagnato dai nonni stamattina presto. Mi ha detto: "Io e papà dobbiamo decidere delle cose importanti, ma tu intanto divertiti". Io qui mi diverto sempre

das Tagebuch

la vipera

die Viper

perché sono in mezzo alla natura, però se lei lo ripete tante volte forse non è così convinta.

- Qui il cibo è un problema grave. La nonna è mezza cieca e totalmente sorda, sbaglia tutte le ricette e, quando le dico: "Nonna, non mi piace il formaggio!", lei risponde: "Certo, ora **andiamo a passeggio**[7]!". Allora il nonno **brontola**[8] dalla sua poltrona, dove legge il giornale tutto il giorno, ma lei non lo sente e lui ripete le cose all'infinito.
- Oggi ho trovato la pelle di un serpente. L'ho raccolta e messa nella mia scatola dei **tesori**[9]. Qui ci sono anche le **vipere** perché siamo nel **Parco Nazionale d'Abruzzo** che è una riserva naturale e ci sono tanti animali.

Der **Nationalpark Abruzzen** wurde 1923 gegründet. Er liegt im Herzen der Appenninen und erstreckt sich auf über 50.000 Hektar.

Inmitten der gebirgs- und karstreichen Landschaft befindet sich der künstlich angelegte **Brera-See**, wo man seltene Vogelarten beobachten kann.

Im Nationalpark liegen 25 Gemeinden, die sich ideal als Ausgangspunkte für einen Aufenthalt im Nationalpark eignen.

1 **permettersi** – erlauben
2 **lasciare andare** – loslassen
3 **il taccuino** – das Notizbuch
4 **l'esploratore** (m.) – der Entdecker
5 **mi raccomando** – vergiss es nicht
6 **divertirsi** – sich amüsieren
7 **andare a passeggio** – spazieren gehen
8 **brontolare** – murren
9 **il tesoro** – der Schatz

Pescasseroli, 19 aprile 2019

- Mi ha telefonato papà e mi ha detto che dopodomani, per Pasqua, lui e la mamma vengono qui. Devono dirmi una cosa importante.
- Ho conosciuto Fulvia. È rossa, quando corre sembra una fiamma. Oggi l'ho vista vicino al nostro cortile, ci siamo guardati e poi è andata via.
- Per sicurezza ho preparato il mio zaino.

Cosa mettere in uno zaino da esploratore:
sacco a pelo, maglione pesante,
borraccia, coltellino, cibo, diario, torcia

Parco Nazionale d'Abruzzo, 20 aprile 2019

- Stamattina, dopo colazione, ho preso del pane, del prosciutto e quattro mele. Poi sono tornato indietro e ho preso anche una **stecca**[10] di cioccolata.
- Ho seguito Fulvia con lo zaino in spalla come un vero esploratore, ma prima ho lasciato un biglietto ai nonni. Siamo venuti in montagna.
- Adesso c'è ancora luce, ma ho acceso un fuoco e ho preparato un letto con delle foglie su un **masso**[11].

Nonni, non vi preoccupate, sono andato in montagna.
Ho il mio zaino e tanto cibo.
Vi voglio bene, Martino

der Wolf

Più tardi, al buio (oggi non bastano tre fatti):

- È successa una cosa straordinaria. Un **lupo ulula**[12] in lontananza. Forse mi sta dicendo: "Benvenuto".
- Io non riesco a dormire, ho tanti pensieri, ma Fulvia è accanto a me, mi tiene caldo con la sua pelliccia.

10 la stecca - die Stange
11 il masso - der Felsblock
12 ululare - heulen

Parco Nazionale d'Abruzzo, 21 aprile 2019

- La giornata più avventurosa della mia vita: ho incontrato un **orso marsicano**! Da piccolo sono venuto tante volte con mamma e papà per questi **sentieri** di montagna, ma non sono mai riuscito a vederlo. Oggi ho scoperto prima le sue tracce: grandi **impronte**[13] sulla terra, **inconfondibili**[14]. Fulvia **è fuggita**[15], io invece le ho seguite. Non ho fatto rumore e l'ho visto in una **radura**[16]. Sono rimasto lontano, come mi ha insegnato papà: mai disturbare gli animali nel loro habitat.
- Dopo l'avventura con l'orso, ho cercato un posto tranquillo per mangiare. Ho trovato un **torrente** e ho riempito la mia borraccia. Ho tagliato il pane con il mio coltellino e ho pranzato con due fette e il prosciutto.
- Fulvia è tornata a farmi compagnia. **Meno male**[17]. La notte è fredda e i miei pensieri a volte mi fanno paura. Eppure mi sento al sicuro sulle montagne, nei boschi. Gli animali non possono farmi del male. Lo so.

Pescasseroli, 22 aprile 2019

- Oggi pomeriggio Fulvia mi ha tirato per il pantalone: l'ho seguita. Mi ha portato fuori dai boschi. Quando l'ho capito, ho pianto, anche se non so bene perché. Mi sono avvicinato al **muso**[18] della mia piccola amica, **ci siamo annusati**[19]. Poi lei è rimasta a guardarmi, mentre io sono tornato a casa.
- Dai nonni, mamma e papà mi hanno abbracciato fortissimo. Non li ho mai visti così disperati. Ho pianto di nuovo. Forse lo so perché. Mi hanno detto: "Dobbiamo parlare", io ho risposto: "Domani".
- Fulvia è tornata nel cortile dei nonni stasera, l'ho vista **brillare**[20] nel buio. Sono uscito e l'**ho accarezzata**[21]. Poi abbiamo sentito dei rumori dentro casa, lei ha alzato le orecchie, mi ha guardato negli occhi e poi è scappata via verso i boschi. Le **volpi** appartengono alla natura. Io sono tornato dentro, mi sono seduto vicino al camino, mamma e papà sono scoppiati a ridere perché la nonna ha detto una delle sue cose buffe. Ha sorriso anche il nonno.

13 **l'impronta** - die Spur
14 **inconfondibile** (Adj.) - unverwechselbar
15 **fuggire** - fliehen
16 **la radura** - die Lichtung
17 **meno male** - zum Glück
18 **il muso** - das Maul
19 **annusarsi** - sich beschnüffeln
20 **brillare** - strahlen
21 **accarezzare** - streicheln

36 ASPETTANDO LA BARCOLANA A TRIESTE

Nino è uno skipper, ma dalle nove alle venti, ogni giorno dal Lunedì al Venerdì, indossa giacca e cravatta e gestisce un'importante società di import-export.
Ha 36 anni e vive senza troppa **convinzione**[1] con Gemma in un loft in zona Brera a Milano. Gemma si occupa di pubbliche relazioni per un'azienda di moda per cui viaggia tantissimo. Spesso è fuori anche nei fine settimana. Allora Nino il sabato si sveglia molto presto, **fugge**[2] a La Spezia e ritrova Malù. Malù è come un gioiello, lucida, perfetta, trentasette piedi, un **albero maestro**[3] in carbonio robusto e leggero.
Con Malù esce per mare con qualsiasi tempo, è una necessità. Deve sentire il vento, assecondarlo, ricongiungersi con il suo elemento.
Quest'anno ha deciso di partecipare alla Coppa d'Autunno Barcolana, la regata che si svolge nel golfo di Trieste la seconda domenica di Ottobre.
La Barcolana è stata la sua prima competizione in mare.
Aveva sedici

anni e si era ritrovato su una barca con suo padre, da cui aveva assorbito la passione per la vela, e con la giovane seconda moglie. C'erano suo fratello minore e un cugino più grande che sembrava un mito perché aveva i capelli lunghi e un tatuaggio che gli spuntava dal colletto della camicia.

Nino aveva vissuto quell'esperienza con tale **trasporto**[4] che era ritornato a Milano con la febbre a quaranta. Ha ricordi vaghi di quella prima volta, ma non scorderà mai l'incontro della sua vita, quello con Agostino Straulino, leggendario ammiraglio e marinaio italiano.

Chiudi gli occhi, il vento non vuole essere guardato in faccia.

L'aveva visto per caso in un bar, la sera prima della regata. Suo cugino cercava un telefono pubblico ed erano finiti in un bar del porto vecchio di Barcola. Mentre il cugino parlava animatamente con una ragazza dall'altra parte del telefono, Nino giocherellava con una cima, facendo e sciogliendo **nodi**[5]. Poi aveva alzato la testa e l'aveva riconosciuto. Era rimasto **imbambolato**[6] a guardarlo, quell'uomo anziano, magro e ossuto, che beveva da un piccolo bicchiere, seduto da solo a un tavolo.

1 **la convinzione** – die Überzeugung
2 **fuggire** – fliehen
3 **l'albero maestro** (m.) – der Großmast
4 **il trasporto** – die Inbrunst
5 **il nodo** – der Knoten
6 **imbambolato** – wie betäubt

Si era avvicinato, con l'emozione forte che toglie le parole. Straulino lo aveva guardato, gli aveva sorriso, aveva capito tutto. "Fai la Barcolana domani?". Nino aveva annuito. "Chiudi gli occhi, il vento non vuole essere guardato in faccia". Poi forse Nino era riuscito a dire "grazie" o "arrivederci", ma non se lo ricorda.

L'indomani mattina era partito insieme alle altre mille e più barche che affollavano il Golfo di Trieste per compiere la sua prima regata.

Quest'anno ha impiegato tutte le ferie estive per portare Malù da La Spezia a Trieste. Ha navigato giorno e notte. Si è fermato lungo la costa italiana scoprendo piccoli porti meravigliosi e facendo vita da marinaio. Ha circumnavigato tutta la penisola. Per alcune tappe l'ha raggiunto Gemma, ma non ha **resistito**[7] a lungo. Per alcuni giorni si sono uniti degli amici. Per lo più Nino è stato da solo, ha avuto tempi lunghi e vuoti per pensare, per ascoltare il vento, a occhi chiusi.

Ha voglia di rifare questa regata perché la Barcolana è l'unica competizione al mondo in cui barche di ogni categoria, equipaggi di ogni tipo, si sfidano sulla stessa linea di partenza. Si **affronta**[8] il mare ognuno secondo le proprie possibilità. Si **gareggia**[9] contro i campioni del mondo, accanto a semplici appassionati.

Nino ha bisogno di questo: azzerare tutto quello che è stato, ripartire da capo, avere la possibilità di arrivare al traguardo senza il peso delle sue scelte e della sua vita.

Navigare, aprire le vele, sentire il vento.

Il giorno prima della Barcolana è partito da Milano con tre amici, quelli che formeranno il suo equipaggio. Sono arrivati a Trieste in auto nel primo pomeriggio e sono saliti a bordo di Malù per i controlli di routine.

Poi sono andati a mangiare in una trattoria affollatissima: Trieste si riempie di turisti e curiosi durante il fine settimana della Barcolana. Dopo cena gli amici vogliono ritirarsi sotto coperta per una sana dormita in previsione della regata del giorno dopo. Nino ha voglia di camminare un po' e si dividono.

Piazza dell'Unità d'Italia è sempre particolarmente suggestiva, illuminata di luci azzurrine. È forse lo spazio aperto sul mare più bello del mondo, con la solidità e la regalità dei suoi edifici. Nino la taglia in diagonale e si dirige verso le Rive. A Trieste i lungomare si chiamano Rive e stasera sono occupate da un'interminabile fila di bancarelle dove si possono acquistare prodotti tipici, artigianato e gadget della Barcolana. Ma nonostante l'insolita confusione, se si ha voglia di camminare come Nino, si può andare verso Barcola, al porto vecchio, dove anche stasera i pescatori **sbrogliano**[10] e ripuliscono le reti e sono generosi di racconti di mare. Alcuni si siedono sul molo e annusano il vento che cambia.

È proprio a uno di loro che Nino chiede un consiglio, loro sanno dove è meglio posizionarsi, se verso Barcola o verso il Castello di Miramare, i due estremi della linea immaginaria nel golfo di Trieste, da dove parte la regata.

Con quel piccolo segreto in tasca, Nino torna a passo svelto verso Malù, ormeggiata in mezzo alle altre barche a vela.

7 **resistere** – aushalten
8 **affrontare qu/qc** – jdm./etw. entgegentreten
9 **gareggiare** – wetteifern
10 **sbrogliare** – lösen

Sorride della propria ingenuità, ma il mare è fatto anche di **scaramanzie**[11], di piccoli rituali. Sa che dormire non sarà facile stanotte, ma sa di essere esattamente dove vuole stare. L'odore del mare, l'aria di sale e la libertà che si prova a essere su una barca lo fanno sognare. Sogna di togliersi la giacca e la cravatta per sempre, di smettere di fare il manager. Negli ultimi anni ha capito che il suo lavoro non lo affascina, non gli interessa, come forse non gli interessa nemmeno Gemma. Le vuole bene, ma si rende conto di essere innamorato di Malù,

la sua barca e del mare. È sicuro che un giorno o l'altro lo farà. Lascierà tutto per stare sempre con Malù e vivere libero in mezzo al vento e al mare. Lo sa che la sua felicità è lì, in mezzo alle **onde**[12], in mezzo alla natura e non in una città rumorosa, sporca, dove nessuno ha tempo e tutti sono sempre stressati. Sale a bordo, punta la sveglia prima dell'alba e **si rannicchia**[13] nella sua cuccetta. Chiude gli occhi, **cullato**[14] dal mare.
Domani si **salpa**[15] per un'avventura.

Buon vento, Nino.

11 **la scaramanzia** – die Beschwörung
12 **l'onda** (f.) – die Welle
13 **rannicchiarsi** – sich zusammenkauern
14 **cullare** – wiegen
15 **salpare** – in See stechen

37 I CARRUGI DI GENOVA

enge Gasse in Ligurien

il carrugio
(dial.)

Io e Sara viaggiamo in modo completamente differente: io preferisco improvvisare, muovermi per le strade senza mappe. Lei invece vuole sapere esattamente a che ora si parte, quando si arriva, dove si mangia e dove si dorme. E poi vuole una **guida turistica**[1] per la visita di ogni città.
Questa mattina siamo partiti presto. Genova è a circa due ore di macchina. Guido io, Sara invece ha il cellulare in mano. Alle 10 siamo quasi a Genova e lei dice: "Tutto fatto: la guida ci aspetta fuori dal parcheggio vicino al porto".

Alcuni carrugi sono strettissimi, neanche un metro, o poco più. È divertente questo giro, sembra di stare dentro un labirinto.

Io e Sara stiamo insieme da qualche anno. Io lavoro in banca, lei insegna a scuola. Viviamo a Parma, una città dell'Emilia Romagna. Ogni domenica facciamo una gita e visitiamo un posto nuovo. Oggi tocca a Genova, il capoluogo della Liguria, una città piena di storia e di bei palazzi, per qualche secolo una potente **repubblica marinara**[2] come Venezia e Pisa. Tutti questi dettagli di solito me li racconta Sara durante il viaggio in macchina. Lei tiene sulle gambe una guida e legge le informazioni sulla città da visitare. Io stavolta provo a dire: "Senti, che ne pensi di perderci tra i vicoli di Genova?". E lei: "Ma sei pazzo! Abbiamo poche ore e tu ti vuoi anche perdere?". E poi aggiunge: "Ho prenotato in questo ristorante, sembra molto pulito!". Ecco, quella della pulizia è un'altra idea fissa di Sara. Tutto deve **splendere**[3], soprattutto le **posate** e i bicchieri.

Arriviamo a Genova. Dopo aver parcheggiato vicino al porto, incontriamo la guida turistica. Si chiama Franco, un uomo sui cinquant'anni, alto e magro, con una borsa **a tracolla**[4] e una **bandierina**[5] in mano. È simpatico, ci racconta subito di Genova e dei suoi tipici "carrugi". È una parola che **deriva**[6] da molte lingue: latino, francese, spagnolo e che rimanda alla parola "**carro**[7]".

1 **la guida turistica** - der Fremdenführer
2 **la repubblica marinara** - die Seerepublik
3 **splendere** - strahlen
4 **a tracolla** - umgehängt
5 **la bandierina** - das Fähnchen
6 **derivare** - stammen
7 **il carro** - der Wagen

Il centro storico è pieno di queste piccole lunghe vie che hanno sempre lo stesso nome, ma cambiano continuamente larghezza. E a volte diventano anche delle piazzette. Alcuni carrugi sono strettissimi, neanche un metro, o poco più. È divertente questo giro, sembra di stare dentro un labirinto. Ma Sara si rifiuta: "Troppo sporchi, troppo bui". Io e Franco invece li percorriamo tutti. Alla fine di uno di questi vicoli arriviamo in **via del Campo**.

Im Musikgeschäft mit der **Hausnummer 29** finden Sie die Gitarre des berühmten Genueser Chansonniers **Fabrizio De Andrè.**

Qui Franco tira fuori dalla borsa una specie di radio e indica una **lapide**[8]. Poi parte una canzone: "Via del Campo c'è una graziosa / gli occhi grandi color di foglia / tutta la notte sta sulla soglia / vende a tutti la stessa rosa...". La canzone è di Fabrizio De Andrè, un **cantautore**[9] genovese molto famoso. In questa strada c'è anche un museo dedicato ai cantanti di Genova. Nel dopoguerra, infatti, molti artisti italiani vivevano qui.

Poi facciamo una pausa davanti a un **forno** molto invitante, con buoni odori che escono dalla porta. Franco a questo punto inizia a raccontare la storia della **farinata**, una torta bassa fatta con farina di **ceci** e olio. Sentite come è nata.

8 **la lapide** – der Gedenkstein
9 **il cantautore** – der Liedermacher

Siamo verso la fine del 1200, Genova e Pisa sono due repubbliche marinare. Nel mare davanti alla città di Livorno, Genova vince un'importante battaglia. Poi le sue navi si dirigono verso casa. A bordo hanno molti **prigionieri**[10] *pisani. Nelle* **stive**[11] *delle navi ci sono anche olio e sacchi di ceci. Arriva una forte tempesta e i sacchi si rompono, l'olio si versa e il tutto si* **mescola**[12] *all'acqua di mare che entra nella nave. A causa dei danni il ritorno a casa è lento. Hanno poco da mangiare. Ai prigionieri* **viene offerto**[13] *questo mix, preso dal pavimento e infilato dentro le* **scodelle**[14].

Franco è un'ottima guida, a ogni parola corrisponde un gesto. Sembra quasi un attore. E adesso descrive la raccolta dell'impasto dal pavimento della nave. Sara però non si trattiene: "Preso da dove?".
"Dal pavimento della stiva!", risponde Franco.
"**Che schifo**[15]!", dice Sara.
"Ma è un pasto per prigionieri e siamo nel 1200, signora!".
"Non importa! Non è igienico!".
A quel punto cerco di **mediare**[16]: "Dai Sara, sentiamo come va a finire!".
Così Franco riprende il racconto.

I prigionieri pisani però non vogliono mangiare quella cosa e lasciano le scodelle al sole. Così il mix diventa solido, di ottimo **aspetto**[17] *e buon profumo. E una scodella abbandonata diventa un'ottima ricetta.*

E Franco conclude: "E questo posto alle mie spalle ripete ancora oggi la ricetta tradizionale!". A quel punto mi metto a correre, dritto dentro il forno: non voglio rischiare di perdere la mia farinata. E infatti Sara chiede: "Significa che... preparano tutto sul pavimento?". Franco non capisce la domanda e

risponde: "Certo, è la ricetta tradizionale!". Così Sara inizia a urlare: "Marcooo! Esci subito!".
Troppo tardi, **ho** già **addentato**[18] la mia farinata, buonissima. E poi, con mille spiegazioni, insieme a Franco chiariamo che la farinata non si prepara più in quel modo.

Sono le due, è il momento di andare al ristorante scelto da Sara. Lei osserva con cura le posate e poi chiede: "Voi la farinata la fate sul pavimento?".
Il cameriere risponde: "No, signora, la facciamo con farina di ceci e olio!".
Un **tipo in gamba**[19]. Ha già capito tutto.

10 **il prigioniero** – der Gefangene
11 **la stiva** – der Laderaum
12 **mescolare** – mischen
13 **viene offerto** – wird angeboten
14 **la scodella** – die Schüssel
15 **che schifo** – wie ekelhaft
16 **mediare** – vermitteln
17 **l'aspetto** (m.) – das Aussehen
18 **addentare** – beißen
19 **un tipo in gamba** (ugs.) – ein Pfundskerl

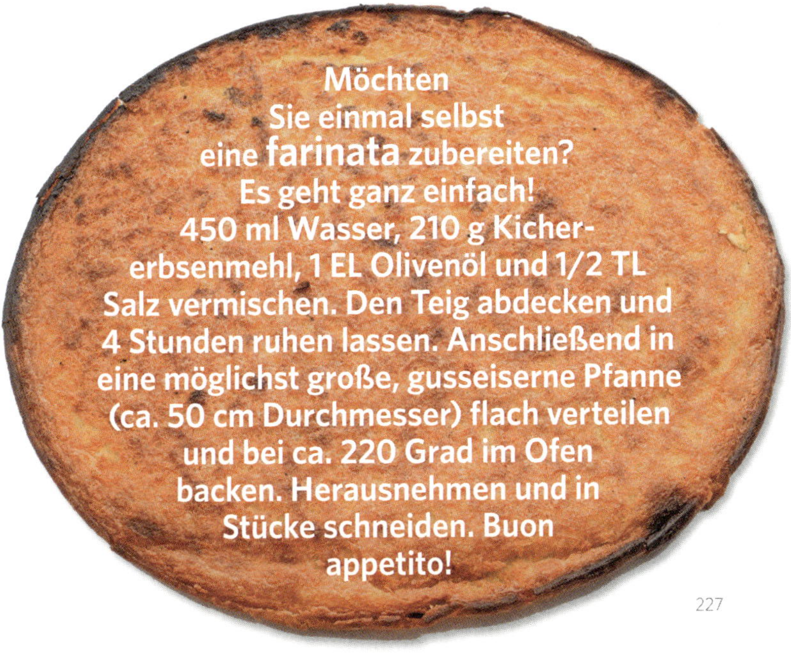

Le Cinque Terre …

… bezeichnen einen rund 12 km langen Küstenstreifen in Ligurien, an dem besagte 5 Dörfer liegen. Die **Cinque Terre** liegen im Nordwesten von **La Spezia** und knapp 1,5 Zugstunden von **Genua** entfernt. Die pittoresken Orte werden inzwischen von Tourist*innen nahezu überrannt. Von Nord nach Süd geht es durch …

Monterosso ist mit rund 2000 Einwohner*innen das größte der fünf Dörfer.

Der Turm **Belforte** in **Vernazza** bietet eine grandiose Aussicht.

Corniglia

Corniglia liegt auf einem Felsen 100 m über dem Meer. Man erreicht es über die **Lardarina**, eine Treppe mit 377 Stufen.

Manarola

Zwischen **Manarola** und **Riomaggiore** verläuft der etwa 1 km lange Panoramapfad mit dem romantischen Namen **Via dell'Amore**.

Riomaggioe

38 L'EDUCAZIONE ARTISTICA

Una cosa mi è cara: un quadro, piuttosto grande, in cui si vede un paesaggio **arido**[1] e una grossa mucca al centro, ripresa di profilo e con il muso rivolto verso chi guarda.

Non voglio parlare dei colori e del soggetto, ma se uno osserva con attenzione il corpo della mucca trova una sorpresa: un **buco**[2].

Sì, il quadro è danneggiato.

Così capita spesso che gli ospiti di casa, quando lo guardano, avvicinano il loro naso e poi urlano: "C'è un buco!". A quel punto **entro in scena**[3] io.

Mi chiamo Lorenzo, non ho molti capelli in testa, faccio l'architetto e ho una galleria d'arte. E questo quadro, insieme a un **arco**, alcune **frecce** e il pittore Alberto Burri, è molto importante per me.

Il quadro ha quasi duecento anni. Le donne della mia famiglia quando si sposavano portavano nella casa nuova il **corredo**[4] e questo dipinto. Così, mia nonna lo ha regalato a mia madre. Quando ero piccolo stava in soggiorno. Per me quella mucca era un **bersaglio** ideale. Le montagne sullo sfondo erano uguali al paesaggio di un film western e la mucca era abbastanza grossa per la freccia del mio arco.

Il momento migliore della giornata per dare la **caccia**[5] alla mucca era poco prima delle otto di sera. Mia madre cucinava e io potevo cacciare liberamente dentro il soggiorno. Mi legavo un fazzoletto sulla fronte e ci infilavo una **piuma** di uccello. **Centrare**[6] la mucca era difficilissimo. E di solito una **sberla**[7] di mia madre mi **disarmava**[8].

Una volta però sono riuscito a colpire la mucca. Quella volta in casa c'era la nonna. Così non ho preso una sola sberla, ma due. Poi la mamma e la nonna hanno parlato della mia educazione. E alla fine hanno trovato una soluzione.

1 **arido** (Adj.) – dürr, karg
2 **il buco** – das Loch
3 **entrare in scena** – auftreten
4 **il corredo** – die Aussteuer
5 **la caccia** – die Jagd
6 **centrare** – treffen
7 **la sberla** – die Ohrfeige
8 **disarmare** – entwaffnen

Il giorno dopo la nonna guidava la sua spider rossa in direzione di Firenze. Io ero seduto accanto, con la piuma e il fazzoletto. "Dove andiamo nonna?", ho chiesto.
"A Firenze a visitare gli **Uffizi**".

Die **Uffizien** in Florenz gehören zu den berühmtesten Kunstmuseen der Welt. Eines der bekanntesten dort ausgestellten Werke ist **Die Geburt der Venus** von **Sandro Botticelli.**

"Cosa sono gli Uffizi?".
"Stai zitto e guarda la strada".
A quel tempo abitavamo a Lucca e la nonna, che era una storica dell'arte, voleva insegnarmi le buone maniere. Ha preso il mio arco e le frecce e li ha chiusi dentro la cantina di casa sua: "Avrai di nuovo tutto quando torneremo!".
Degli Uffizi non ricordo quasi nulla. Solo dei **corridoi**[9] molto larghi e delle finestre grandi grandi. E poi i **custodi**[10], le loro uniformi e le corse della nonna dietro di me. Ogni mio **tentativo di fuga**[11] finiva contro la pancia di uno di loro oppure dentro un abbraccio della nonna.
Dei quadri, dei musei, dell'arte non mi interessava nulla. Ma la nonna voleva assolutamente educarmi. O almeno farmi capire che contro un quadro non si tirano le frecce.

A Roma abbiamo visitato i **Musei Vaticani**. Mi ricordo solo delle **mummie egizie**[12] che mi hanno fatto paura.

Ein **kompletter Rundgang** durch die Vatikanischen Museen ist **7 km** lang!

Poi la nonna ha deciso di continuare il viaggio fino in Sicilia, per portarmi al mare e a vedere i templi. Abbiamo preso una grossa nave e poi abbiamo visitato **Segesta** e **Selinunte**.

Segesta und **Selinunt** sind zwei archäologische Fundstätten in der süditalienischen **Provinz Trapani** auf **Sizilien**.

die Säule

la colonna

il tempio

der Tempel

9 **il corridoio** – der Flur
10 **il custode** – der Wächter
11 **il tentativo di fuga** – der Fluchtversuch
12 **la mummia egizia** (Adj.) – die altägyptische Mumie

"Inizia a fare delle domande, è un buon segno".

In Sicilia ho iniziato a fare domande del tipo: "Come si chiama questo tempio?" oppure "Ma la Sicilia è un'isola della Grecia?".

La nonna al telefono diceva a mia madre: "Inizia a fare delle domande, è **un buon segno**[13]". Dall'altra parte del telefono mia madre rispondeva: "**Proteggilo**[14] dal caldo!". Così la nonna prendeva il mio foulard, lo metteva sotto l'acqua, me lo legava in testa e poi metteva la piuma.

Un giorno siamo andati a vedere il "Cretto", un'opera di **land art** di Alberto Burri: dei grandi quadrati di **cemento** tra i quali si può camminare.

Un tipo spiegava a mia nonna come è stato realizzato questo monumento, che è una delle opere d'arte contemporanee più **estese**[15] al mondo e rappresenta la città di **Gibellina**, distrutta da un terremoto nel 1968. Dentro i quadrati di cemento ci sono ancora le **macerie**[16]. Dopo il terremoto **hanno ricostruito**[17] la città di Gibellina qualche chilometro più in là. E quest'opera **ricorda**[18] la città vecchia, **anzi**[19] è fatta con i pezzi della città vecchia.

La sera al telefono ho raccontato alla mamma tutta la storia del Cretto di Burri. Mi **aveva** molto **turbato**[20]. Stavolta ero io ad avere una freccia **infilata**[21] nella pancia.
Poi ho sentito la nonna che diceva: "Domani te lo **riporto**[22], forse il viaggio è servito a qualcosa"

Ein Teil der Ruinen von Gibellina wurde vom Künstler **Alberto Burri** unter einer meterhohen Schicht aus Beton begraben. Die beghbaren Gänge vermitteln einen Eindruck der ursprünglichen Stadt.

Gibellina ist eine Gemeinde in der Provinz Trapani auf **Sizilien**. Bei einem Erdbeben wurde sie am 15. Januar 1968 komplett zerstört. Anstatt sie wieder neu aufzubauen, errichtete man 9 km weiter westlich eine neue Stadt.

13 **un buon segno** (Redew.) - ein gutes Zeichen
14 **proteggere** - schützen
15 **esteso** (Adj.) - umfassend
16 **le macerie** (Pl.) - die Ruinen
17 **ricostruire** - wieder aufbauen
18 **ricordare** - an etw. erinnern
19 **anzi** (Adj.) - sogar
20 **turbare** - bewegen
21 **infilato** (von: infilare) - gesteckt
22 **riportare** - zurückbringen

39 TORINO MAGICA

Stefania ha trentadue anni, ha una laurea e un master alle spalle, ma il lavoro più duraturo che ha fatto è stato in un call center per quattro mesi.

Oggi è arrivata a Torino dal suo paese d'origine in provincia di Bologna: una grossa banca l'ha **convocata**[1] per un colloquio di lavoro, sembra una grossa opportunità. L'appuntamento è domani. Stefania riguarda per l'ennesima volta il foglietto

sul quale ha annotato l'indirizzo: Via Alfieri, quaranta. Ha trovato una sistemazione in un B&B tenuto da una signorina magra, chiacchierona e **svagata**[2], e con tanti capelli grigi sul capo. Appena arrivata, la signorina le ha mostrato la stanza e le ha offerto un tè. Stefania ha bisogno di pianificare il tragitto per l'indomani, pensare al colloquio, ma ha anche molta voglia di qualcosa di caldo per riprendersi dal viaggio, quindi accetta. Lascia il suo bagaglio leggero in camera e segue la signorina in un'accogliente saletta comune, con poltroncine e tavoli rotondi. Il tè fumante le viene presto servito in un elegante servizio di porcellana. Stefania **approfitta**[3] per chiedere qualche informazione. Racconta quindi alla padrona di casa il motivo del suo viaggio a Torino e le chiede il miglior modo per raggiungere la Banca di Via Alfieri quaranta.
Stefania non può fare a meno di notare una strana **smorfia** nella signorina, un cenno di sorpresa, forse persino di inquietudine.

1 **convocare** – einladen
2 **svagato** – zerstreut
3 **approfittare** – die Gelegenheit nutzen

Si tratta solo di un'esitazione quasi impercettibile, la donna si volta immediatamente e si dirige verso una scrivania, ne apre il primo cassetto ed estrae un libretto e una pianta della città. Mostra quindi a Stefania l'itinerario più semplice. "A piedi è una piacevole passeggiata, altrimenti c'è l'autobus numero quindici che può prendere qui vicino e la lascia proprio all'angolo con via XX Settembre", le spiega, indicando il percorso con un dito.

Stefania è incuriosita e sorseggiando il suo tè inizia a leggerne qualche pagina.

Uno **scampanellio**[4] interrompe la conversazione, diversi ospiti stanno arrivando e la signorina deve andare ad accoglierli: "Ma faccia come a casa sua, Stefania, finisca di prendere il tè e domani... sappia fare la scelta giusta", di nuovo quella strana smorfia di ansia e curiosità.

"Che simpatica e stravagante donna!", pensa Stefania tra sé e sé. Poi lo sguardo le cade sul libretto che la padrona di casa aveva preso assieme alla pianta della città e aveva posato sul tavolo distrattamente: "Torino Magica".

Stefania è incuriosita e sorseggiando il suo tè inizia a leggerne qualche pagina. Si dirige poi in camera, immersa nella lettura.

Nel mondo della magia ci sono due Triangoli, che toccano tre città ciascuno. Il Triangolo della Magia Bianca tocca Praga, Lione e Torino. Torino è però anche uno dei **vertici**[5], assieme a Londra e San Francisco, del Triangolo della Magia Nera. Non solo, a Torino scorrono due fiumi, il Po e la Dora, considerati il primo di polarità maschile, il secondo di polarità femminile. Per questi motivi si pensa che Torino è animata da un continuo conflitto tra forze opposte: il bene e il male. Oltretutto la città è disseminata di tracce e simboli misteriosi.

La zona ovest della città è considerata quella della Magia Nera, in quanto vi tramonta il sole e rappresenta l'oscurità, quindi il maligno. Qui sono concentrate le piazze, dove nel Medioevo sono stati bruciati gli **eretici**[6] e dove nell'Ottocento avvenivano le **impiccagioni**[7], tanto che ancora si ricorda in Via Bonelli numero due una casa abitata da diverse generazioni di **boia**[8]. Lungo le strade della zona basta alzare lo sguardo sulle facciate dei palazzi e sotto le balconate, per vedere figure di animali, spesso aggressive, che pian piano, addentrandosi nel "quartiere nero" di Torino, diventano sempre più diaboliche e spaventose. La Fontana delle Quattro Stagioni raffigura semplicemente due donne e due uomini che rappresentano rispettivamente la Primavera, l'Estate, l'Autunno e l'Inverno. Guardando attentamente si scoprono dei piccoli dettagli che fanno pensare a dei strani simboli.

Un grande alone di mistero avvolge anche l'edificio del Portone del Diavolo, in Via Alfieri quaranta, dove sono avvenuti delitti irrisolti. Forse i fantasmi dei defunti aleggiano ancora in quelle stanze. Una volta qui c'era la sede della Fabbrica dei Tarocchi, poi ci hanno abitato delle famiglie nobili. Oggi in questo edificio c'è la sede di una banca. Una leggenda racconta che il portone di legno di quella casa è comparso all'improvviso

4 **lo scampanellio** – das Klingeln
5 **il vertice** – die Spitze
6 **l'eretico** (m.) – der Ketzer
7 **l'impiccagione** (f.) – das Hängen
8 **il boia** – der Henker

in una notte. Sul **battente** mostra una figura che riprende la carta dei Tarocchi numero quindici, quella che corrisponde al Diavolo. Un altro dettaglio è rappresentato dal numero civico di questo palazzo, che solo recentemente è diventato quaranta, una volta era il numero quindici.

der Türklopfer

Stefania si sveglia all'improvviso, è già mattina. È agitata, cerca di capire che ore sono, ricorda di essersi addormentata con il libretto in mano, deve prepararsi per il colloquio. Ha poco tempo a disposizione per arrivare in Via Alfieri quaranta. È ancora vestita come il giorno prima; si dirige nella saletta comune del B&B per mangiare qualcosa. Vorrebbe ridare il libro alla signorina. Invece non trova nessuno. Un tavolino è apparecchiato per una bella colazione e c'è una busta bianca, "Per Stefania", c'è scritto. Si siede e mangia in fretta qualcosa, beve il tè caldo e infila la busta tra le pagine del libro: "La aprirò dopo", si dice. Tornata in camera fa una veloce doccia fresca e indossa un abito leggero ed elegante. Lo stesso che mette per tutti i colloqui. Un po' di **trucco**[9], il cappotto, le scarpe, la borsa. Ha un attimo di esitazione, poi ci infila dentro il libretto e si chiude la porta alle spalle.

Non ha voglia di camminare, **teme**[10] di arrivare al colloquio **sudata**[11]. Si ricorda il consiglio della signorina del B&B, prende l'autobus numero quindici e scende in Via XX Settembre. Via Alfieri, quaranta.

Ecco il portone.

Entra.

Il colloquio è stato breve, è andato molto bene. Le hanno fatto una proposta interessante, Stefania ha tempo fino a stasera per firmare il contratto e fare il primo passo importante per trasferirsi in questa nuova città.

Mentre cerca di sistemare in borsa la **cartellina**[12] di fogli che le hanno consegnato, si trova tra le mani il libretto.

Stefania vede la busta, ma ormai sa per certo cosa contiene.

La apre ugualmente.

Una carta, la numero quindici. Stefania pensa che ogni tanto bisogna crederci alla magia.

9 **il trucco** – die Schminke
10 **temere** – Angst haben
11 **sudato** – verschwitzt
12 **la cartellina** – die Mappe

40 LA PARMIGIANA DI MELANZANE

Il tempo sta cambiando, l'autunno è alle porte. Pioviggina da giorni, ma sempre meglio della nebbia fitta sin dal mattino.
A Parma ci sono nata, ci sono cresciuta, ho studiato **lettere**[1] e ho incontrato mio marito. Lui è ingegnere sotto ogni punto di vista: tutto logica e strutture definite. Io sono un po' meno strutturata. Siamo due universi paralleli, però ci siamo subito piaciuti e abbiamo avuto tre figli. Io insegno italiano in una scuola per stranieri e oggi ho lezione nel pomeriggio. I bambini per fortuna sono a scuola, anche Mattia, il più piccolo, che ha quasi tre anni. Ha appena iniziato la **scuola dell'infanzia**[2] ma **è** sempre **raffreddato**[3] e spesso devo tenerlo a casa. Piuttosto: devo ricordarmi di passare in farmacia a prendere lo sciroppo!
Comunque devo darmi una mossa. Oggi voglio preparare qualcosa di buono e speciale per cena perché è il nostro anniversario. Ma non l'anniversario di nozze, noi ci siamo sposati in primavera, no, oggi è l'anniversario del nostro fidanzamento, cioè non del fidanzamento ufficiale, di quello ufficioso, insomma oggi è l'anniversario del nostro primo bacio. E posso contare su un'intera mattinata di lavoro in cucina, ma solo se non perdo tempo in divagazioni.
Da quando ci sono i bambini, e ormai parliamo di ben sette anni, non riusciamo più a dare il giusto peso alle **ricorrenze**[4]. Però almeno una piccola festa improvvisata ce la possiamo permettere. Mio marito se ne dimentica, ma fa parte del gioco, io invece mi ricordo sempre tutto. Per me è importante, insomma. Mi dimentico di pagare le **bollette**[5], le multe e

certe volte mi scordo anche di riportare i libri in biblioteca, ma degli anniversari no, non mi dimentico. Sono il mio forte.

Il mio forte è anche la **parmigiana**, alla maniera di mia nonna.

Auflauf aus Auberginen, Parmesan und Tomatensauce.

Mia nonna è originaria dell'isola di Favignana, un posto incantato che sono riuscita a visitare solo poco tempo fa, in Sicilia. Un luogo mitologico della mia infanzia, dove erano ambientate tutte le storie delle mie origini. Tutto è iniziato proprio in quella piccola isola brulla e selvaggia, piena di scale e dove c'è sempre vento. Lì mia nonna è fuggita da casa con mio nonno. Erano innamorati, ma le famiglie, soprattutto quella di lei, li **ostacolavano**[6], così hanno fatto fagotto e sono partiti per il Nord, giovanissimi. Appena superato lo stretto di Messina, hanno cercato un prete e hanno fatto benedire il loro amore. Alla fine di quel lungo viaggio hanno trovato Parma e un lavoro per mio nonno in una fabbrica di tabacco.

1 **lettere (pl.)** – die Literaturwissenschaft
2 **la scuola dell'infanzia** – der Kindergarten
3 **essere raffreddato** – Schnupfen haben, erkältet sein
4 **la ricorrenza** – der Jahrestag
5 **la bolletta** – die Strom- und Gasrechnung
6 **ostacolare** – verhindern

Appena superato lo stretto di Messina, hanno cercato un prete e hanno fatto benedire il loro amore.

Mia madre è stata la terza figlia, l'unica femmina di sei fratelli maschi, l'unica a essere rimasta qui a Parma. I miei zii si sono tutti dispersi nel centro-nord, tra Milano, Bologna, Perugia, Roma e Torino. Siamo gente, che ha le **radici**[7] nel vento di Favignana.

Comunque, tornando alla cena di stasera, voglio preparare una parmigiana di melanzane. Qui in Emilia la chiamano "melanzane alla parmigiana". Questa è una ricetta siciliana e lo dimostra il fatto, che mia nonna la fa meglio di chiunque altro al mondo e mi ha insegnato i trucchi per far venire le melanzane fritte perfette e far mischiare nel migliore dei modi il sugo a tutto il resto.

Alcuni a Parma dicono che la parmigiana di melanzane sia nata qui, poi ci sono anche i napoletani, che la fanno con le uova. In Puglia la **condiscono**[8] con il sugo di carne e le **polpette**,

è incredibile. All'università c'era una mia compagna di corso della provincia di Roma che diceva che la parmigiana era un piatto della loro tradizione e che si preparava rigorosamente con la mortadella. La mortadella? Li ho sempre considerati scherzi poco divertenti.
Quindi stamattina vado al mercato a comprare le melanzane giuste. Simone, l'ortolano del banco biologico, mi ha promesso le ultime della stagione. Mi ha garantito che sono grosse e compatte come servono a me. Sì, perché se non hanno la consistenza giusta, non c'è segreto della nonna che funziona: le melanzane assorbono troppo olio e la parmigiana non riesce. Poi passerò dal negozio di generi alimentari di Nestore a prendere un bel pezzo di formaggio pecorino. Anche quello non può essere scelto a casaccio, deve essere saporito, ma non troppo **stagionato**[9], altrimenti in cottura prende quella punta di piccante che rovina il sapore.
E quasi quasi prendo una bottiglia di vino rosso, **crepi l'avarizia**[10]!
E giuro che non mi dimentico della farmacia, promesso.
Bene, la parmigiana è in forno, lo sciroppo è sul tavolo e io posso andare al lavoro soddisfatta. La parmigiana è anche il piatto preferito dei bambini.
Ha pure smesso di piovere, quindi posso approfittare per fare una bella passeggiata prima di entrare in aula. Noi ci spostiamo sempre in bicicletta. Anche i bambini hanno la loro, tranne Mattia che sta sul seggiolino montato sulla mia.

7 **la radice** - die Wurzel
8 **condire** - anmachen
9 **stagionato** - gereift
10 **crepi l'avarizia!** - zum Teufel mit dem Geiz!

Mi piace sempre molto andare in giro per il quartiere, noi abitiamo a due passi da Piazzale Santa Croce e quindi in un attimo siamo al Parco Ducale, dove pedalare diventa veramente rilassante, quasi un **salto nel passato**[11].
Oggi i miei studenti non sono stati bravi. Nessuno ha consegnato il **tema**[12] sul piatto tipico della loro tradizione, nessuno si ricordava la coniugazione del passato prossimo, ma soprattutto nessuno aveva voglia di far niente. Mi hanno fatto arrabbiare e così li ho obbligati a fare un dettato. Peggio per loro!
Nel frattempo vedevo illuminarsi lo schermo dello smartphone: era mio marito, ma non potevo assolutamente rispondere.

E poi ero sicura che voleva solo dimostrarmi la sua gioia e il suo amore perché, tornato a casa, aveva scoperto la parmigiana.

Ovviamente mi sbagliavo. E me ne sono accorta appena **varcato**[13] il portone del palazzo: una puzza di bruciato insopportabile si sentiva nell'atrio. Ho capito subito cosa era successo.

Ho fatto le scale saltando tre gradini alla volta, ho trovato la porta di casa aperta e nel giro di pochi istanti le immagini più terribili si sono formate nella mia testa.

Invece i bambini mi sono corsi incontro eccitati. Con voce particolarmente squillante, mi hanno informato della tragedia sventata: inutile dire che la parmigiana di melanzane si era bruciata completamente.

Ho temuto il momento dell'incrocio di sguardi con mio marito, indaffarato a ripulire il forno.

"Chiamo per le pizze a domicilio?", ho **azzardato**[14] cauta, per testare il suo livello di arrabbiatura.

"Patrizia, veramente avevo già prenotato al ristorante, stasera dobbiamo festeggiare qualche nostro anniversario, no?".

Da archiviare nei motivi per cui ho sposato il mio ingegnere.

11 **il salto nel passato** - der Sprung in die Vergangenheit
12 **il tema** - der Aufsatz
13 **varcare** - überschreiten
14 **azzardare** - wagen

BILDNACHWEIS

Adobe Stock, Dublin: **41.1** (RTimages); By Assianir (Own work) [CC BY-SA 3.0 (http://creativecommons.org/licenses/by-sa/3.0)], via Wikimedia Commons **18**; Fotolia, New York: **220, 221** (danielschoenen); **236, 237.1** (Marco Saracco); **126, 127** (Rick Henzel); **4.3, 5, 156.2, 157.1** (Renáta Sedmáková); **6.2, 87.4** (Pixelbliss); **20** (gaemau); **25** (zea_lenanet); **32.1, 33** (lukaszimilena); **216, 217** (steffus); **1, 168, 169** (travelbook); **128, 131** (Andrey Kuzmin); **39.1** (silvietta49); **39.4** (Riccardo Meloni); **62.1** (smuki); **62.2** (Andrea Karelias); **62.3, 67** (Lucky Dragon); **64.2** (von Lieres); **64.3, 65.2** (mdorottya); **64.4** (Ljupco Smokovski); **64.1, 65** (Carmvale); **164, 165** (Claudio Colombo); **72** (ciroorabona); **80.1** (Jiri Hera); **80.2** (tannujannu); **81.1** (nerudol); **82.1** (peggy); **83** (lazyllama); **87.1** (zavgsg); **87.2** (seralex); **87.3** (dulsita); **87.5** (Francesco Italia); **88** (Vladimirs Poplavskis); **91** (Julija Sapic); **112.2** (WoGi); **112.1, 113** (sivivolk); **114** (He2); **117** (galjan); **120.1** (shefkate); **120.4** (Thomas); **121.1** (marino); **129** (auryndrikson); **133.4** (igorphoto50); **145.2** (taraphoto); **150.2, 151** (mioandriani); **150.1** (Gina Sanders); **152** (lifeinapixel); **154.1** (freshidea); **154.2** (imagedb.com); **166** (Robert Neumann); **174.1** (rh2010); **174.4, 175** (JFL Photography); **178.1, 179.1** (hanphosiri); **178.3** (MarcoBagnoli Elflaco); **186** (Picture-Factory); **187, 190** (Alliance); **188, 191** (wjarek); **193** (obelicks); **204** (fabiomax); **206.2** (Coprid); **206.1, 207.1** (marcovarro); **207.2** (luccazzitto); **208** (syrah93); **219** (longquattro); **225.2** (Alexandra); **229.1** (dominikfrings); **229.2** (olrat); **229.3** (orpheus26); **237.2** (giorgiomtb); **240** (Hagen41); **243** (Marzia Giacobbe); **244** (Jenifoto); **246** (somchaij); Getty Images, München: **8.4, 183.2** (GlobalP); **10** (venakr); **158, 159** (egon69); **11.2** (ronnybas); **11.3** (sborisov); **U1, 60.1** (DieterMeyrl); **U1** (Francesco Riccardo Iacomino); **U1** (Tramino); **U1** (Valerii Evlakhov); **26** (boggy22); **27.1** (Mehmet Hilmi Barcin); **27.3** (Angelafoto); **28** (Christof Koepsel); **30** (Digitalsignal); **31.1** (kaelhser); **41.2, 212.1** (malerapaso); **41.3** (to_csa); **41.4** (Nik_Merkulov); **43** (4kodiak); **44.2** (enterphoto); **45.2** (titelio); **56, 125** (fizkes); **58.2** (dislentev); **60.2** (AleksandarGeorgiev); **61.1** (Oleh_Slobodeniuk); **61.2** (crossbrain66); **77.1** (Ailime); **92** (lechatnoir); **93.2** (Simona Balconi); **96.1** (MUSTAFFA KAMAL IKLIL); **96.2** (Casarsa); **104** (imantsu); **107** (AndrisBarbans); **109** (Frizzantine); **110.2** (Dzmitrock87); **111.2** (daniloforcellini); **139.1** (Difydave); **139.2** (LiliGraphie); **140.1** (javarman3); **142** (caiocaruso); **143.1** (Daxus); **160** (Aldo Pavan); **161** (CasarsaGuru); **163** (thewizzthatwoz); **180.1** (AlexRaths); **180.2** (agustavop); **182.1** (margouillatphotos); **182.2** (frantic00); **183.1** (tanukiphoto); **184** (Antonio Filippi); **185** (igorwheeler); **196** (MachineHeadz); **199.1** (bergamont); **200** (eddygaleotti); **201** (Buffy1982); **202.2** (ZU_09); **203.2** (Luiz Henrique Mendes); **210** (ParkerDeen); **211.1** (spxChrome); **211.2** (ValerioMei); **212.3** (GoodLifeStudio); **212.4** (Garry518); **U1** (pop_jop); **122, 123** (peste65); iStockphoto, Calgary, Alberta: **7.2, 177.2** (MiguelMalo); **16** (PeterJamesSampson); **17.2** (Kozyreva); **47.2** (4FR); **49** (AarStudio); **50** (Ljupco); **51.1** (lopurice); **53.1** (JANIFEST); **53.2** (Julie Birch); **54** (RossHelen); **55** (deimagine); **68.1** (mikolajn); **70.2** (holgs); **71** (Freeartist); **79** (spfoto); **84.1** (AlSimonov); **84.3** (Maren Winter); **85.2** (mlane); **99.1** (Pawel Gaul); **103** (Lingbeek); **120.2** (gianluigibec77); **121.2, 231.2** (alphaspirit); **145.1** (sedmak); **174.3** (Lalocracio); **177.1** (gilaxia); **227** (antonioscarpi); **228.1** (studo58); **228.3** (Nico_Campo); **233.2** (RolfSt); PONS GmbH, Stuttgart: **4.1** (Fianchino); **4.2** (Claudia Mencaroni); Shutterstock, New York: **38, 39.2** (michelangeloop); **3** (Buffy1982); **U1** (Cibusphoto.com); **U1** (Kate Garyuk); **118, 119** (Oskari Porkka); **46, 47.1.** (bepsy); **5.1** (Volina); **6.1, 134.1** (Coprid); **7.1, 225.3** (Quanthem); **8.1** (pixels outloud); **8.2** (ChiccoDodiFC); **8.3** (Athikhom Saengchai); **9** (Steve Wair); **11.1** (alexandre zveiger); **12** (xpixel); **13** (Luigi L. Silipo); **14** (Pavel Vakhrushev); **15** (Skylines); **17.1** (vvoe); **17.3** (Oscity); **19.1** (NikitaRoytman Photography); **19.2** (givaga); **27.2** (poludziber); **27.4** (MRS. SUCHARUT CHOUNYOO); **29.1** (marcociannarel); **29.2** (lorenzo_graph); **29.3** (Gandolfo Cannatella); **31.2** (Cookie Studio); **32.2** (AlexTois); **34** (Rene Hartmann); **35** (Cherkas); **37, 85.1** (StevanZZ); **39.3** (patronestaff); **41.5** (spatuletail); **42** (Maffi); **44.1** (FRANCESCO ALTOMARE); **45.1** (Dusadee Sriswangsuk); **48** (Monkey Business Images); **51.2** (Rido); **51.3** (Micolas); **52** (Vatson); **57** (ESB Basic); **58.1, 59** (w.deframe); **68.2** (dotshock); **70.1** (pirke); **70.3** (Sergey Novikov); **73, 134.2, 134.3, 135.1, 137, 138.1** (Stefano Guidi); **74** (Inara Prusakova); **75.1** (Julia700702); **75.2** (Cezary Wojtkowski); **77.2** (Mladen Zivkovic); **78** (LightField Studios); **81.2, 157.2, 202.1, 203.1** (pio3); **82.2** (Photo Melon); **84.2** (HildaWeges Photography); **93.1** (Creative Lab); **94.1** (CatwalkPhotos); **94.2** (cornfield); **95.1** (Nattee Chalermtiragool); **194, 195** (pisaphotography); **95.2** (kavalenkava); **97** (pcruciatti); **98.1** (Daniel Prudek); **98.2** (Daxiao Productions); **98.3** (Antonio Guillem); **99.2** (sevenMaps7); **99.3** (Studio_G); **100.1** (Laszlo66); **100.2** (Iakov Filimonov); **101.1** (Justek16); **101.2** (MR.Silaphop Pongsai); **102** (Roman Mikhailiuk); **105** (Phovoir); **106.1** (TonelloPhotography); **106.2** (Jacob Lund); **110.1, 111** (GoneWithTheWind); **116.1** (PEPPERSMINT); **116.2** (Photographee.eu); **120.2** (eFesenko); **120.3** (arctic ice); **120.5** (Angelo Giampiccolo); **124** (Danita Delimont); **132.1** (MillaF); **132.2** (samsonovs); **132.3** (VladislavGudovskiy); **132.4** (Robert Red); **132.5** (rangizzz); **133.1** (Johan Larson); **133.2** (Winston Link); **133.3** (Robert Neumann); **135.2, 138.2, 144.3** (Paolo Bona); **140.3** (Eskymaks); **141** (flaviano fabrizi); **143.2** (Raycocar); **144.1** (Gabor Kenyeres); **144.2, 146.2** (Renata Sedmakova); **146.1** (marino bocelli); **147** (Semisatch); **148.1** (Oleg Gekman); **148.2** (Kichigin); **149** (TorGB); **155.3** (jbor); **156.1** (Only Fabrizio); **156.2** (Northfoto); **171** (Africastudio); **173** (Fotografiche); **174.2** (Lukasz Szwaj); **175.2** (popcorner); **176.1** (oksana2010); **176.2** (Foxys Forest Manufacture); **178.2** (stanislaff); **179.2** (Nicku); **179.3** (Esin Deniz); **181** (elitravo); **192** (ermess); **198, 214.2** (ValerioMei); **199.2** (Tommy Lee Walker); **205** (gallofilm); **212.2** (heymrpatrick studio); **213** (jonanderswiken); **214.1** (Patrick Messier); **215** (Daniel Rodriguez Garriga); **222** (trabantos); **223** (Seregam); **224** (Claudio Divizia); **225.1** (Yulia Grigoryeva); **228.2** (Henryk Sadura); **230.1** (Indypendenz); **230.2** (Christian Weber); **230.3** (Rastislav Ekkert); **231.1** (zagorodnaya); **232** (BestPhotoStudio); **233.1** (SAHACHATZ); **233.3** (mickyso); **234** (baldovina); **235** (spumador); **239** (Claudia Divizia); Thinkstock, München: **209** (Richard Cliiff); Wikimedia Commons, San Francisco: **76** (Di Zdravko Petrov – Zdravko Petrov, CC BY-SA 4.0, https://commons.wikimedia.org); **140.2** (By Jeff Kubina – Flickr: Slow Food Dinner, CC BY-SA 2.0, https://commons.wikimedia.org)